PUNTOS DE SABIDURÍA

Re INVÉNTATE

Abelina Puntos

Re
INVÉNTATE

DE: *Abelina Puntos*

PARA: _____

CONTENIDO

Reinvéntate

Sé la mujer del mañana
que siempre has soñado ser,
olvidándote de lo que quedó atrás
y mirando hacia el futuro.

PRÓLOGO

Reinventarse es tener la habilidad de ver la vida con nuevos ojos. Son tus nuevos ojos los que te van a permitir ver lo que antes te era invisible. Esos nuevos ojos te van a llevar a descubrir cómo alcanzar aquello que hasta ahora te había parecido imposible.

Reinventarse siempre es algo provocado. Por lo general, no cambiamos si no se nos obliga a ello. La reinvención tiene lugar cuando una persona ha de enfrentarse a un cambio importante en su vida o su entorno.

La verdadera reinvención se traduce a la creación de un nuevo yo, o en el redescubrimiento de facetas de nuestra vida que creíamos olvidadas.

La verdadera reinvención no solo se trata de transformar las actitudes. Éstas son sencillas de modificar, lo complicado es alterar las conductas. Reinventarse no solo consiste en creer en cosas en las que antes no se creía sino en tener otros comportamientos.

Para cambiar de rutinas hace falta tiempo, pero también esa voluntad que solo se posee cuando *somos conscientes de que debemos cambiar.*

En los próximos capítulos de mi libro, a través de mis vivencias, te voy a enseñar cómo yo tuve que reinventarme en distintas áreas de mi vida y vencer muchas dificultades y sufrimientos: el abandono de mis padres al nacer, falta de identidad y de pertenencia, vivir en pobreza extrema a lado de mis abuelos maternos, sobrevivir al rechazo y ser la vergüenza de la familia, ser abusada física, emocional, verbal y sexualmente por un padre muy violento infestado de alcohol y drogas, vivir en la soledad con ataques de pánico y amenazada de muerte todos los días, ser mamá a los quince años e indigente a la vez, llena de culpabilidad por abortos provocados, cargada de inseguridades, víctima del ocultismo, la brujería y maldiciones generacionales, sin estudios y sin hablar inglés. Sin embargo, en vez de aceptar lo que la vida había escrito para mí, decidí reescribir y reinventar capítulo a capítulo a la mujer del mañana que quería ser, con arduo trabajo, dedicación, nuevos comportamientos y nuevos ojos.

Decidí triunfar en la vida creyendo en dos promesas que Dios tenía escritas para mí:

Romanos 8:28

Más que vencedores

Y sabemos que a los que aman a Dios, todas las cosas les ayudan a bien, esto es, a los que conforme a su propósito son llamados. Reina-Valera 1960 (RVR1960)

Él me redimió. Él ha tomado lo que Satanás quería argumentar por los daños y lo convirtió en algo bueno.

Isaías 61:7

En lugar de vuestra doble confusión y de vuestra deshonra, os alabarán en sus heredades; por lo cual en sus tierras poseerán doble honra, y tendrán perpetuo gozo. Reina-Valera 1960 (RVR1960)

Él me ha quitado la vergüenza y me ha dado una doble recompensa. Algunas veces no hay próxima oportunidad. Algunas veces o te reinventas o mueres, así de sencillo. Mueres a tus sueños, mueres a tu destino, mueres a tu carrera, mueres al éxito, mueres a la riqueza.

Además, voy a compartir contigo poderosas leyes universales que me ayudaron a reinventarme en las cuatro áreas esenciales y necesarias para estar completa y plena.

- **Cómo reinventarte** en tu espíritu

- **Cómo reinventarte** en tu alma

- **Cómo reinventarte** en tu cuerpo

- **Cómo reinventarte** en las finanzas

INTRODUCCIÓN

La mujer del ayer

La mujer del ayer es la mujer del pasado. Ella tiene características muy marcadas, vive lamentándose del ayer, de las heridas, de las vivencias, de las traiciones, del fracaso, del éxito, de la fama. Son cosas o situaciones que pasaron muchos años atrás, sin embargo, hoy todavía en su presente ocupa la mayoría de su tiempo pensando en el ayer: si no me hubiera pasado esto, hoy mi vida sería distinta; si no hubiera tomado esa decisión, hoy estaría gozando de éxito y riqueza; si no me hubiera casado con este bueno para nada, hoy sería la primera dama; si tan solo no hubiera firmado ese contrato, no hubiera perdido mi fortuna; si mamá no me hubiera dicho esas palabras, yo hoy sería otra persona. ¿Sí me explico? La mujer del ayer es una mujer que vive con un espíritu de víctima, su vida es consumida por el ayer en su tiempo de hoy.

La mujer del ayer está a punto de perecer, de desaparecer, está a punto de ser una historia que nadie va a recordar.

La mujer del ayer no deja huella en ningún lugar. La mujer del ayer jamás será próspera financieramente.

Jamás tendrá éxito ni en sus relaciones ni como empresaria.

La mujer de ayer jamás se reinventa. La mujer del ayer no está interesada en crecer o aprender, porque vive de las glorias del ayer o de las heridas del ayer, se rehúsa a perdonar, se rehúsa a vivir.

Yo tuve que aprender a dejar el ayer en el pasado para luego moverme al presente y así poder ser la mujer que siempre soñé.

La mujer de hoy

Una de las características más marcadas de la mujer de hoy o del presente es que es una mujer conformista; con que tenga para vivir hoy es más que suficiente: "Está bien, no soy feliz en mi matrimonio, pero no importa"; "Estoy comiendo muy mal y subiendo de peso, pero está bien, no pasa nada".

La mujer de hoy jamás planifica, todo se lo come, es egoísta y egocéntrica, todo se trata sobre ella y gira alrededor de ella. Es una mujer tan espiritual que va a responsabilizar a Dios por su falta de sensatez. Ella dice "Yo vivo hoy, mañana Dios dirá, él se ocupará de mí".

Sin embargo, Dios es muy claro en su instrucción:

Proverbios 6:6-8

[6] Ve a la hormiga, oh perezoso, Mira sus caminos, y sé sabio; [7] La cual no teniendo capitán, Ni gobernador, ni señor, [8] Prepara en el verano su comida, Y recoge en el tiempo de la siega su mantenimiento. Reina-Valera 1960 (RVR1960)

Los cambios son inevitables, todo alrededor de ti va a cambiar. Dios nunca cambia, pero Dios siempre está cambiando todo a tu alrededor.

La economía de la mujer de hoy jamás va a cambiar, será la misma de ayer, porque la mujer de hoy tampoco está interesada en reinventarse y ella también ya es historia.

La mujer del mañana

La mujer del mañana o la mujer del futuro es una mujer que vive en el presente planificando para mañana. Esta mujer tiene una característica muy distinta a las dos primeras: la mujer del mañana jamás está pensando en ella, todo lo contrario, ella siempre está pensando en cómo va a afectar positivamente a las personas a su alrededor y, en especial, a los que ella ama.

Siempre va un paso más allá.

La mujer del mañana siempre está pensando en cómo ella va a afectar positivamente a aquellos que aún no nacen. Ella está ocupada dejando un legado de sabiduría y riqueza a sus próximas generaciones aún no natas.

Dios llama a estas mujeres "Buena fiel aprobada"

Proverbios 13:22

[22] El bueno dejará herederos a los hijos de sus hijos; Pero la riqueza del pecador está guardada para el justo. Reina-Valera 1960 (RVR1960)

Entonces, a la mujer del ayer y a la mujer de hoy les podríamos llamar *mujeres pecadoras,* y es por eso que la riqueza que estaba destinada para ellas y sus generaciones, ahora pasará a manos de la mujer del mañana y sus generaciones. Esto explica por qué el rico es cada día más rico y el pobre cada día más pobre.

La mujer del mañana es una mujer próspera, exitosa, venerada por sus hijos, amada por su esposo. Es una mujer negociante, sensata, fiel, tierna, es una "Mujer PROVERBIOS 31".

En mis seminarios de *Reinvéntate,* yo entro en profundidad en las tres mujeres y hacemos los cambios necesarios para poder ser *La mujer del mañana*. Tú fuiste diseñada para ser *La mujer del mañana*.

"REINVÉNTATE". REESCRIBE TÚ LAS PÁGINAS DE TU LIBRO. NO PERMITAS QUE LAS CIRCUNSTANCIAS Y LA VIDA DICTEN QUIÉN ERES TÚ. DIOS ESTÁ DE TU LADO Y ÉL VA AYUDARTE SI TÚ SE LO PERMITES.

¡Tú fuiste hecha para que seas como el águila y puedas reinventarte! En mi libro vas a descubrir cómo yo tuve que hacer lo que el águila hace para reinventarme y volver a vivir.

LA SEGUNDA VIDA DEL ÁGUILA

El águila es el ave de mayor longevidad de su especie. Llega a vivir hasta setenta años. Pero para llegar a esa edad, a los cuarenta años deberá tomar una seria y difícil decisión. A los cuarenta años, sus uñas están apretadas y flexibles, sin conseguir tomar a las presas de las cuales se alimenta. Su pico largo y puntiagudo se curva apuntando hacia su pecho. Sus alas están envejecidas y pesadas, y sus plumas gruesas. Volar se hace ya muy difícil.

Entonces, el águila tiene solamente dos alternativas:

Morir o enfrentar su dolorido proceso de renovación que durará ciento cincuenta días.

Ese proceso consiste en volar hacia lo alto de una montaña y quedarse ahí en un nido cercano a un paredón, en donde no tenga la necesidad de volar.

Después, al encontrarse en el lugar, el águila empieza a golpear su pico contra la pared hasta conseguir arrancarlo.

Después de este doloroso acto, esperará el crecimiento de un pico nuevo, con el que desprenderá una a una sus uñas talones.

Cuando sus nuevas uñas comienzan a nacer, comenzará con ellas a desplumar sus plumas viejas.

Imagínate por un momento el aspecto físico de este animal que antes era majestuoso y bello, ahora es un pobre pájaro indefenso y solo. Su aspecto es terriblemente feo. El frío hace que sus ojos empiecen a llorar de dolor. El dolor hará que las escamas de sus ojos también se caigan para después poder ver su presa, que antes su vista vieja y cansada le impedía ver.

Después de largos y dolorosos cinco meses, sale para el famoso vuelo de renovación que le dará:

TREINTA NUEVOS AÑOS DE VIDA

En nuestras vidas, *mujeres de hoy y del ayer* muchas veces tenemos que resguardarnos por algún tiempo y comenzar un nuevo proceso de REINVENTAR-NOS. Aunque en ese proceso no parezcamos mujeres sino pájaros raros y desplumados, el dolor nos haga llorar, el frío de las noches parezca interminable por su terrible soledad, durante el día el sol nos queme tanto que arda la piel de dolor y desesperación; cuando ya estemos a punto de decir *"ya no puedo más"*, entonces esas nuevas alas, ese nuevo pico, esos nuevos ojos nos permitirán ver lo que antes no podíamos ver. Cuando la tormenta llegue y la tempestad vuelva a caer, tendremos las alas para volar arriba de la tempestad, ya nunca más nos volverá a destruir. Podremos cazar serpientes y llevarlas hasta el hábitat donde ellas no puedan sobrevivir y terminen devoradas por nosotras y nuestros pequeños polluelos.

¡Nunca jamás víctimas sino victoriosas hijas del Dios altísimo!

Para continuar un vuelo de victoria, debemos desprendernos de costumbres, tradiciones, cultura y recuerdos que nos causaron dolor.

Solamente libres del peso del pasado podremos aprovechar el resultado valioso que una REINVENCIÓN siempre nos trae.

Quiero dedicar este libro...

A Dios por brindarme la oportunidad de escribir este hermoso libro, ya que fue un verdadero milagro de Él que yo esté aquí y Él fue quien me salvó y rescató de las garras de satanas (minúsculas, no se merece que lo escriba con mayúsculas) y a mi querido esposo que me impulsó a escribir este libro y siempre ha sido mi fan número uno.

Y no puedo dejar atrás a mis hermosos padres y mis abuelitos, gracias por tanto amor.

A mis hermosas hijas Mayra y Lizita que fueron mi fuerza cada vez que quise morir, sus hermosas vocecitas me daban vida, cada vez que dije "ya no puedo más" sus bellos abrazos me decían "SÍ PUEDES", fueron mi fuerza, mi fortaleza, mi razón de vivir y mi alegria.

A Sarita y David por la alegría de enseñarme a sonreír en lugar de llorar y a mi amigo Einer que hizo que este libro fuera una realidad!!!

NOTA DEL AUTOR

ESTE CAPÍTULO SOLO ESTÁ ESCRITO PARA AQUE-LLOS QUE QUIEREN SABER MÁS DE MI CORAZÓN, DE CÓMO PIENSA ABELINA, DE QUIÉN ES ABE-LINA, QUÉ COME ABELINA Y ¿POR QUÉ ESCRIBIÓ ESTE LIBRO?

"¿POR QUÉ DEBERÍA YO LEER ESTE LIBRO? DES-PUÉS DE TODO, A MI NADIE ME HA ABUSADO DE NINGUNA MANERA, FORMA O CIRCUNSTANCIA. ENTONCES, ¿POR QUÉ ME INTERESARÍA GASTAR UNOS MINUTOS DE MI VALIOSO DÍA EN LEER ESTE LIBRO?".

¡Te diré por qué!

En la vida de cada ser humano hay iniquidad, pe-cado o defectos, si le quieres decir así, falta de ca-rácter. Cada ser humano en algún momento de su vida fue traicionado, herido o lastimado. Cada ser humano en algún momento de su vida sufrió de celos, envidia, inmoralidad, deshonestidad o cual-quier otro sentimiento negativo. Y este libro va a ayudarte, a auto examinarte y tal vez a reinventarte. Vamos a echarle un vistazo primero a los verdade-ros deseos que hay en tu corazón. Sí, dije verdade-ros, no aquellos que finges tener. Vamos a echarle un vistazo a tu carácter, a aquello que tú haces cuando nadie te ve, y por último, vamos a ver tus acciones, tu forma de vivir la vida día a día, podría decir, tus hábitos. Tus hábitos vinieron por un pensamiento. A tu pensamiento lo entretuviste, le hablaste y ahora te llevó a actuar en piloto automático.

¿Apruebas tú la forma en la que vives el día a día? Te pregunté: ¿Estás 100% satisfecho(a) con el estilo de vida que tienes el día de hoy, que me dirías ¡Abelina no cambiaría absolutamente nada de lo que soy, de lo que digo, de lo que hago, de lo que hablo o de lo que pienso!? Si ese eres tú, ¡¡¡¡¡¡ FELICIDADES !!!!!!! Encontré a la primera persona que no necesita reinventarse. Por favor, ve a la última página de mi libro, mándame un email porque quiero conocerte personalmente y aprender de ti.

Hay cuatro áreas en tu vida que debes de reinventar y dominar para tener un equilibrio, puedas ser feliz, alcanzar tu máximo potencial y tener éxito en todo lo que hagas. Son cuatro áreas que definen RIQUEZA. Si tú tienes tres, te falta una, no eres rica. Si tienes dos, te faltan dos, tampoco eres rica. ¡Mi corazón, mi deseo y mi oración es que tú encuentres un balance perfecto y seas inmensamente RICA!

¿Tú sabías que tú eres un espíritu, que tú tienes un alma y vives en un cuerpo?

Esto es lo que la ciencia y la medicina nos dicen.

Entonces, estas 4 áreas de riqueza son:

Riqueza de tu espíritu. Es decir "fullfilment"[1], en inglés. Me gusta por su significado, llenura completa. Satisfacción, sería en español. Esto no tiene que ver con ninguna religión. A las religiones las inventó el hombre para satisfacer su necesidad de tener llenura en su espíritu.

Riqueza de tu alma. ¿Qué es esto? Tus emociones, tu intelecto, tu manera de pensar, tu manera de ser, tu manera de comportarte día a día, tu carácter, tus creencias, tus habilidades. Yo diría que le das de comer a tu intelecto día a día. ¡Qué importante es el alma! ¿verdad?

Riqueza de tu cuerpo. ¿Qué comes? ¿Qué le pones a tu boca día a día? ¿Te cuidas? ¿Haces ejercicio para mantener un corazón fuerte? ¿Unos músculos, huesos y coyunturas fuertes? ¿Le das a tu cuerpo las vitaminas, proteínas, grasas y minerales que necesita?

Riqueza económica. ¿Cuántas inversiones posees? ¿Cuál es tu portafolio? ¿Qué propiedades posees? ¿Cuánto dinero está en tu cuenta de banco?

---

[1] Fulfillment: in English, a feeling of happiness because you are doing what you intended to do in life. En español, un sentimiento de felicidad porque estás haciendo lo que pretendías hacer en la vida.

Pues bien, entonces acompáñeme en esta jornada. Estoy segura de que juntos vamos a llorar, vamos a reír y también vamos a aprender mucho. Por lo tanto, vamos a crecer, nos vamos a reinventar. En unas páginas más adelante, vamos a ir descubriendo y calificando cada una de estas áreas y sobre todo vas a hacer los cambios correspondientes para que puedas lograr el ¡¡¡¡¡¡¡ ÉXITO EN TU VIDA!!!!!!!!

Hoy en día, soy una mujer feliz, llena de amor y alegría. Gozo de las bendiciones que Dios me ha dado. Tengo un maravilloso esposo, precioso, a quien Dios ha usado en mi vida para sanar mi corazón de mujer y restaurar la imagen de lo que es un hombre de Dios de verdad. Jesús es su nombre.

Esto explica por qué es tan poderoso e importante en mi vida. No solamente es un hombre de Dios lleno del Espíritu Santo, un hombre que ama a Dios con todo su corazón, con toda su alma y todo su ser Además de esto, es mi mejor amigo, mi mentor, mi Coach y mi socio de negocios. Tengo tres hijas hermosas: Mayra, Miriam y Sarah, y un maravilloso hijo, David Israel, a quienes amo con todo mi corazón, porque representan sanidad a mi alma. Estoy profundamente agradecida a Dios, a Cristo Jesús, que se reveló y me levantó de la desgracia, me sacó del dolor y me dio vida nueva.

Soy una mujer de negocios que ha ganado millones de dólares, motivadora, consejera financiera, consejera familiar, conductora de un show radial que es escuchado por miles de personas diariamente en distintas ciudades de Estados Unidos y ahora, escritora. Sé que para muchos mi vida es un éxito y sí, realmente lo es, pero no siempre fue así.

Todos los seres humanos tenemos una historia que contar, y la mía es una historia de dolor, angustia, abandono, soledad, tristeza. Es una historia de abuso psicológico y abuso físico. Fui violada y nunca supe lo que era el amor de mis padres.

Las heridas del alma se arraigan más que las heridas físicas. El dolor marca el corazón y, por ende, el comportamiento y nuestras relaciones con los demás.

El enojo, el resentimiento y la amargura nos hacen perder la identidad natural. Ser hijos implica ser parte de una familia a quien nos parecemos física y espiritualmente. El sentido de pertenencia nos da identidad, y así vemos la vida a través del filtro de nuestras vivencias, que son la base de lo que tenemos en el corazón.

La razón por la que quiero compartir mi vida a través de este libro es por todas aquellas personas que, al igual que yo, sufrieron una terrible manera de abandono, rechazo, soledad, falta de identidad, carácter, amor propio y mucha carencia económica; para aquellos que trabajan día a día arduamente y no ven por dónde se les escapa el dinero; para aquellos que viven de cheque a cheque y se preguntan por qué no logran la estabilidad económica; para aquellos que ganan bien, viven bien, sin embargo, todavía no logran la deseada libertad financiera; para cada persona que el dolor le ha estancado en el fracaso y la amargura, para cada persona que no vive en la plenitud de sus capacidades y talentos, por tener un corazón herido y enfermo de dolor.

Capítulo 1

SEMILLA VOLUNTARIA E INVOLUNTARIA

En mi opinión, basado en mi experticia de vida, las experiencias del pasado generaron emociones positivas o negativas que pudieron ser perpetuadas a tu persona, ya sea de una forma voluntaria o involuntaria por aquellos que tuvieron influencia en tu vida, ya sea padres, familiares, maestros, amigos, novios, esposos, etc., etc. Tienen una gran influencia en tu vida actual en todas las áreas de tu vida, por lo tanto, siempre es importante detenerse y descubrir dónde se originaron tus formas de proceder en tu vida el día de hoy y así poder reinventarte.

Por ejemplo, *la semilla plantada de rechazo* genera un espíritu de orfandad que fragmenta la mente de un niño. Cuando el ser humano vive en su infancia situaciones traumatizantes y, lógicamente, por su edad no tiene la capacidad de manejar el abuso con madurez, entra en crisis y pierde la identidad, porque sale de su ambiente de seguridad. Satanás es un ser espiritual que se mueve en un reino espiritual, y el ser humano que fue diseñado tripartito, espíritu, alma y cuerpo, es su principal objetivo de destrucción.

Satanás es el enemigo natural de nuestras almas, y su única tarea es herirnos. Nos hiere a través de la destrucción emocional, inyectando situaciones y acciones que marcan las emociones hasta formar cierto carácter que durará de por vida. En la tarea de ilustrarte la obra de Satanás lo mejor posible, pondré como ejemplo un terreno de siembra que está virgen y fértil. Cuando un terreno es fértil, toda la semilla que tú dejas caer al suelo va a dar un fruto, ya sea bueno o malo. Cuando nosotros somos niños, somos el terreno más fértil que existe, por ende un niño todo lo cree y todo lo puede. Dile a un niño que será un bombero y te darás cuenta de cómo todo el día juega con mangueras apagando incendios. Dile a un niño que es tonto y él pensará que es tonto. Según la psicología moderna, en un niño ha sido formado el 85% de su carácter a la edad de seis años, y el otro 15 % en sus años venideros.

Por ello, las semillas que fueron sembradas en nuestra niñez tienen el poder de seguir dando frutos hoy, que ya tienes tal vez 40 años de edad. El enemigo siembra una semilla de rechazo que en un comienzo no se nota al haber sido depositada a cierta profundidad. Es decir, en su origen, la vida de esta semilla va hacia abajo para echar raíces, fortalecerse y poder nacer y crecer rompiendo la tierra y saliendo, pero conforme va germinando, empieza a verse venir en la tierra hasta el punto de poder ver claramente que es una planta de tal o cual especie, allí es cuando podemos identificarla. Así sucede con nuestras emociones: cuando hemos sido lastimados, se ha sembrado cierta emoción que se arraiga y sale a relucir en el comportamiento. Ahora, es muy importante entender el mundo espiritual y cómo funciona. Los espíritus no nacen ni se mueven solos. Por ejemplo, el abandono llega con rechazo, amargura, odio, inseguridad, temor, etc. A su vez, genera orgullo, egoísmo, rebelión, resentimiento, etc., que son evidentes en la forma de ser de la persona. Entonces, el enemigo ha creado un punto de control para oprimir a la persona generando una falta de identidad y emociones fragmentadas que dan su evidente fruto de acuerdo al tipo de raíz que se sembró en el alma, pero recordemos que el origen está en el espíritu.

Entonces, qué te parece si a través de recorrer mi vida, te ayude como un mapa para que tú recorras la tuya y juntos podamos descubrir por qué tienes la identidad que tienes hoy en día, de dónde nacen tus creencias, de dónde se originan tus fortalezas, de dónde vienen tus debilidades y comportamientos en general. Cabe aclarar que cuando somos adultos, somos nosotros los responsables en primera instancia de identificar el fruto que hemos cosechado, y enseguida responsabilizarnos y arrancar desde la raíz cualquier fruto que no fue sembrado por ti y que fue una semilla involuntaria que cayó en tu terreno fértil.

> *Satanás es el enemigo natural de nuestras almas, y su única tarea es herirnos.*

En otras palabras, nuestras experiencias de la niñez provocadas por terceras personas no son una excusa para que tú y yo vivamos en un espíritu de víctima de la mujer del ayer y decir: "¡Ah! Es que yo soy así porque..., etc. etc.", y empezar a culpar a terceros. Después que tú continúes leyendo estas líneas, podrás darte cuenta que tú tienes la capacidad para romper con cualquier tipo de emoción que te esté impidiendo lograr el máximo potencial para lo que tú fuiste creado desde el principio. Así es querido amigo(a), tú fuiste creado para triunfar, fuiste creado para ser grande, fuiste creado para ser líder, fuiste pensado y hecho para ser exitoso. ¡¡¡ No permitas que nada ni nadie te robe esa gran verdad !!! Es más, detente un momento y repite conmigo, vamos:

MI VERDADERA IDENTIDAD

AQUÍ PON TU NOMBRE: _____

(Ejemplo, Abelina Puntos)

YO FUI CREADO CON UN PROPÓSITO MAYOR. FUI CREADO PARA SER UN LÍDER. POR LO TANTO, SOY UN SER MARAVILLOSAMENTE HECHO. NO SOY UN ACCIDENTE. MIS PADRES SOLO FUERON UN VASO PARA TRAERME A ESTE MUNDO. MI VERDADERO PAPÁ ES YAHAVE, EL DIOS TODOPODEROSO, Y ÉL ME HIZO MARAVILLOSAMENTE PERFECTO. POSEO TODAS LAS HABILIDADES QUE NECESITO PARA ALCANZAR MIS METAS. SOY VICTORIOSO(A). SOY ÚNICO(A). SOY REALEZA DEL CIELO.

Te recomiendo que te memorices este salmo que te voy a dar:

Salmos 139:13-16

¹³ Porque tú formaste mis entrañas; Tú me hiciste en el vientre de mi madre. ¹⁴ Te alabaré; porque formidables, maravillosas son tus obras; Estoy maravillado, Y mi alma lo sabe muy bien. ¹⁵ No fue encubierto de ti mi cuerpo, Bien que en oculto fui formado, Y entretejido en lo más profundo de la tierra. ¹⁶ Mi embrión vieron tus ojos, Y en tu libro estaban escritas todas aquellas cosas Que fueron luego formadas, Sin faltar una de ellas. Reina-Valera 1960 (RVR1960).

Ahora sí vamos a escudriñar bien, muy bien, que piensa Tu creador de ti. Todo lo que sea diferente a esto es una mentira de Satanás y, por lo tanto, sus mentiras hoy se terminan y se van al infierno junto con él. ¿Estás de acuerdo conmigo? Aquí solo existen dos verdades: la de Dios y la del diablo. No sé tú, pero por lo menos, yo decido creerle a Dios.

¿Quién te formó? ¿Tu papá y tu mamá? Claro que no. El Salmo 139: 13 dice claramente que ***El que te formó fue Dios***, por lo tanto, Él es tu verdadero papá. ¿Sabes que hoy la ciencia comprueba esta verdad? Hay mujeres que prestan su vientre para cargar y gestar ahí al hijo de otra. Tu mamá fue eso: un vientre alquilado por Dios para que tú existieras.

Verso 14. *Formidables son tus obras*. ¿Qué quiere decir esto? Que Dios todo lo hace perfecto, bueno y maravilloso, y aunque tú, tal vez ahora mismo, no tienes una relación o revelación muy clara de quién es Dios en tu vida, en lo más profundo de tu alma sabes que Él sí existe, que es grandioso y que (escucha bien, lee bien) ÉL JAMÁS HA COMETIDO UN SOLO ERROR. JAMÁS SE HA EQUIVOCADO. Él ES PERFECTO.

VERSO 15 y 16: *No fue encubierto de Ti mi cuerpo*. ¿Qué quiere decir esto? Para los que te dijeron que eres fea, que eres feo, que eres gorda, flaca, alta, chaparra, pelo rizado, pelo liso, etc., etc. ¿Qué complejo tienes? ¿Por qué? ¿Quién te dijo esa mentira? Detente un momento, por favor, pon tu libro abajo y vamos a pedirle perdón a Dios por todas las veces que has criticado tu cuerpo y despreciado tu cuerpo. Vamos, hazlo. Dile conmigo: "Señor Jesús, perdóname por haber sido ignorante al creer la mentira de (aquí llénalo con lo que hayas despreciado y rechazado sobre tu cuerpo, incluyendo tu sexualidad). La verdad es que fui formado(a) perfecta por ti".

¡Vamos! Tienes que creerlo porque ésta es la verdad. Nunca aceptes nada que sea menor a la realidad. No importa qué voz fue quien te lo dijo.

Ahora, en unas páginas más, descubrirás por qué te digo que hagas estas declaraciones. Yo solo puedo compartir contigo qué fue lo que a mí, finalmente, me pudo liberar del yugo de las mentiras que mi enemigo y adversario había maquinado hacia mi persona.

MI ETAPA DE TERRENO FÉRTIL

Mis primeros recuerdos de infancia comienzan en mi natal México.

Fui criada por mis abuelos maternos, quienes eran personas preciosas, eran honrados, amorosos, de buenos principios, que me dieron los mejor de sus corazones. Cuando nací, la situación de mis padres era terrible. Esto los llevó a tomar la decisión de emigrar a los Estados Unidos en búsqueda de un futuro mejor, pero, al igual que muchos, cruzaron la frontera como ilegales y yo era una recién nacida a quien no podían llevar. Por lo cual, me dejaron al cuidado de mis abuelos con la promesa de volver por mí una vez establecidos; pero eso nunca pasó.

Soy la tercera de siete hijos y fui la única que no viví con mis padres. Me dejaron y nunca preguntaron por mí, ni se preocuparon por saber cómo estábamos, tampoco nos enviaron el dinero prometido. No fue hasta que tuve que entrar a la escuela que mis abuelos pidieron a mis padres que tramitaran mi acta de nacimiento, pero a ellos no les interesó y oficialmente me regalaron a mis abuelos, quienes me registraron como hija suya. Crecí sabiendo la verdad, que mis padres estaban lejos y que mis abuelos hacían el papel de padres. Ellos me dieron de lo poco que tenían a su alcance, vivíamos en extrema pobreza, en una zona rural con una vegetación preciosa en sus tiempos de lluvia y muy seca en tiempos de sequía. Convivía con todos los animales que teníamos, ellos eran mis amigos. Sí, así es, mis amigos eran los perros, los cerditos, los pollitos, las vacas. Pensarás que soy rara, pero en mi comunidad solo existían dos casitas y no había niños para jugar, así que mi vida era muy sola y muy sencilla.

> **Nunca aceptes nada que sea menor a la realidad.** *No importa qué voz fue quien te lo dijo.*

Trayendo a la memoria las circunstancias de mi niñez, quiero mencionar que nuestra condición económica era tan difícil, sobre todo durante los primeros siete años de vida, que no tenía más que dos vestidos, el uniforme de la escuela y otro para la casa, usaba zapatos remendados, mi pie crecía más rápido que mis zapatos, ni siquiera tuve una muñeca, como cualquier niña. Hasta que cumplí diez años de edad, juntaba latas o cualquier cosa de la basura para jugar. Ver las condiciones de vida en mi casa era muy triste, aprendí a bañarme sin jabón y tenía que caminar alrededor de dos horas para ir a la escuela. Pero, la peor parte de aquello no era la escasez, sino la tristeza del abandono, además de los comentarios hirientes de gente sin escrúpulos que rodeaba a mi familia. Me decían sin ningún reparo que nadie me quería, ni siquiera mis padres pues, me habían abandonado.

A todo esto, mi abuela siempre me decía que mis padres sí me querían y que pronto volverían por mí, pues ella sabía del resentimiento y tristeza que esto generaba en mi corazón.

Al volver a mis más íntimos recuerdos de infancia; es decir, a mis sentimientos, me recuerdo con un gran anhelo de salir adelante, nada me quitó la capacidad ni la fuerza de soñar con un futuro feliz. Yo quería salir de aquella pobreza y aunque no tenía ninguna referencia de lo que era el éxito, había en mí una certeza absoluta que me convencía a mí misma de que yo lograría salir adelante y sacar a mis preciosos abuelos de la miseria.

Recuerdo con mucha ternura la generosidad de mi abuela cuando me daba de comer diciéndome que ella no tenía hambre. Yo me preguntaba "¡Qué raro! ¿Por qué ella nunca tiene hambre y yo siempre quiero más?". No es que yo fuera ni obesa ni tragoncita, era simplemente que mi amada Juanita, como le digo yo, ella siempre me amó tanto que me daba la porción de su comida.

Ese es amor del bueno, ciertamente no fue una abuela efusiva que me besara y me abrazara, pero me expresó su amor con su sacrificio y su protección, me cuidó de la mejor manera, ella era mi estabilidad y esto hoy en día me lleva a valorar que, a pesar de no haber vivido con mis padres, tuve la gran bendición de tenerla a ella. Por eso, dedicarle este libro es mucho más que una manera de honrarla, es un tributo de amor y gratitud porque Dios la usó para que yo escuchara de ella palabras que me sacaron adelante, que me dieron la fuerza que me ha traído hasta aquí. Gracias Dios mío por mi preciosa abuela, ***mi amada Juanita***.

¿Y qué de mi abuelo? Mi precioso abuelo, mi protector. Pensar en mi abuelo siempre me hace sonreír, su tan especial carácter y manera de ver las cosas siempre me hicieron sentir segura estando junto a él. Yo era una niña juguetona e intrépida como si fuera un varoncito, disfrutaba de subirme a los árboles, y lo recuerdo como si fuera ayer, alarmado por sus supersticiones que me gritaba al verme trepada: "¡Abelina, bájate de allí! Las niñas no se pueden subir a los árboles, las faldas secan los frutos y los echan a perder. ¡Bájate ya!".

Nadie me correteó como mi abuelo alrededor de la casa para darme unas nalgadas por mis bromas traviesas. Yo corría y corría, nunca me alcanzaba, y al cabo de un rato, se daba por vencido, se le pasaba el enojo y acababa sonriendo.

Mi abuela me mandaba a llevarle la comida al campo. Mi abuelo y yo nos sentábamos juntos a comer y a platicar. Al terminar, yo siempre me quería quedar a trabajar con él para ayudarlo, pero él no me lo permitía, siempre me mandaba de regreso a casa. Ahora entiendo que era una manera de mostrarme su cariño, no permitiéndome que tan chica trabajara, supongo que pensaría que de por sí, la vida ya era bastante dura para mí. Recordarlo me hace sentir amada. Gracias, amado abuelo...

Mi abuelo es un hombre de un carácter maravilloso, siempre como ya lo dije antes, es mi razón de sonreír. Aunque, ciertamente, mi infancia fue muy difícil por el abandono de mis padres y la pobreza extrema en la que vivíamos, sé que él siempre hizo todo lo posible por aminorar mis sentimientos de tristeza. Quiero destacar que mis ratos de risa y alegría vinieron de parte de mi abuelo.

Meditando en la manera en la quería escribir sobre él, traje a la memoria todos los momentos en que me defendió y me hizo sentir protegida. Él fue más que mi figura paterna, fue mi padre de verdad, nunca me permitió llamarle "Abuelo", sino

> *Mi amada Juanita, como le digo yo, ella siempre me amó tanto que me daba la porción de su comida.*

Papá. Siempre me vio como a una triunfadora, siempre supo que yo saldría adelante y que tarde o temprano tendría éxito. Él me lo repetía con mucha frecuencia: "Tú eres muy lista, Cuquis", como cariñosamente me llamaban. Recuerdo las discusiones que teníamos por las diferencias en nuestras opiniones sobre política, ¡Jajajá! Esto todavía me provoca reír a carcajadas, una niña de siete, ocho y nueve años de edad teniendo conversaciones sobre partidos políticos. Pensábamos muy diferente, él era simpatizante del partido PRD y yo del PRI, él perredista y yo priista. Discutíamos porque yo quería ser rica y yo creía que el PRI era el partido de los ricos, y él defendía al PRD que era el partido con el que se identificaban los campesinos por su ideología de igualdad. Para él, era la opción contra el totalitarismo del PRI.

Creo que él me veía a mí con todo para ser la primera presidenta de México. No es broma, es la verdad, él sí pensaba así de alto sobre mi persona.

Mi abuelo siempre me defendió, siempre me consideró inteligente, me habló bendiciones y me hizo reír.

Espero que cuando mis abuelos lean este libro sientan en su corazón cuán especiales son en mi vida y que su amor me brindó cariño y palabras de aliento, fuerza y valor. Que todo lo bueno que tengo es para honrarlos a ellos y para ellos. Los amo y quiero que sepan que cada paso de éxito en mi vida, lo he dado pensando en ellos, y que tenían razón: Dios me sacó de la pobreza y de la tristeza. ¡Mi Juanita, Papá, lo logramos!

Como te podrás dar cuenta, aparentemente todo estaba maravillosamente perfecto y sí, aunque en pobreza, fui muy feliz en mi infancia. Diría que la etapa más feliz de mi vida, tanto es así, que ni siquiera deseo ir a escribir la siguiente etapa de mi vida. Mas, lo haré por ti, mi querido lector.

A esta edad yo ya tenía un fuerte trastorno de identidad, pues el saber que mis padres no me quisieron y me abandonaron me hacía sentir con un espíritu de víctima y ya tenía depresión infantil.

Cuando somos niños, somos el terreno más fértil que en cualquier otra etapa de la vida. Es por eso que cualquier semilla que cayó en tu terreno en esta etapa, va a dar fruto y a su vez estaría afirmando tu carácter y tu identidad de adulto.

En el caso mío, mi identidad ya estaba marcada torcida con el rechazo: "Nadie te quiere, no eres deseada, debes de ser una niña muy mala para que nadie te quiera". También me hacía preguntas como "¿Qué hice yo para que nadie me quiera? Si no me quieren es que debo ser fea. ¡También muy mala!..." ¡¡ Detente y examina tu vida!! ¿Cuáles fueron las semillas plantadas en tu terreno más fértil?

Estaba leyendo un artículo de un terapista infantil y en él hablaba de los desórdenes que tienen los niños de esta generación. Él explicaba que los papás de hoy tienen una característica muy marcada a diferencia de los papás de hace treinta años.

Esa diferencia es que los papás de hace treinta años casi nunca le decían a sus hijos "Hijo, te amo", "Hijo, tú vas a ser todo lo que tú sueñes con ser".

No había palabras de motivación. Pues, bien, los papás de hoy, desde que nuestros hijos nacen, les decimos "Hijo, eres grandioso". "Nadie como tú". "Tú eres el mejor". "Tú vas a cambiar al mundo". "Serás el próximo presidente de la nación", etc., etc.

Hemos rodeado a nuestros hijos de amor y cuidados, al punto que los hemos hecho inútiles y dependientes. Además, el verdadero problema empieza cuando el niño sale a la calle y se da cuenta que él no puede hacerlo todo, que él no es el mejor en matemáticas, se da cuenta de que ni siquiera sabe leer bien, se da cuenta de que hay otros niños mejor que él en muchos aspectos.

Entonces, "lo que papá me dijo no era verdad, papá me mintió", etc., etc., y esto también crea un desorden.

Entonces, ¿qué hay en tu terreno más fértil? ¿Qué semillas se sembraron? ¿Fueron semillas buenas o semillas malas?

Mateo 7:16-18

[16] *Por sus frutos los conoceréis. ¿Acaso se recogen uvas de los espinos, o higos de los abrojos?* [17] *Así, todo buen árbol da buenos frutos, pero el árbol malo da frutos malos.* [18] *No puede el buen árbol dar malos frutos, ni el árbol malo dar frutos buenos.* Reina-Valera 1960 (RVR1960)

Es hora de sentarse a meditar y a examinar: ¿Cuáles son los frutos que hay en mí? ¿Son frutos dulces o son frutos amargos? ¿Cómo está mi entorno familiar? ¿Cómo están mis finanzas? Así es, querido amigo(a), muchas veces las finanzas mismas son un reflejo de las semillas sembradas en nuestro fértil terreno.

Capítulo 2

LOS FRUTOS DE LAS SEMILLAS

Desde siempre hubo en mí una mezcla de sentimientos encontrados: jamás quise salir de México, no quería dejar a mis abuelos, pero otra parte de mis pensamientos tenía la idea de que un día vendría a Estados Unidos, pues mis padres emigraron soñando, como casi todos los que salen de México, con un futuro mejor. El entorno de mi familia estaba acá, una de mis especiales alegrías fue conocer a mis padres y hermanos cuando por primera vez viajaron a México y nos reunimos todos.

No puedo explicar lo feliz que me sentí, pero al mismo tiempo se me agolparon una serie de emociones muy difíciles de describir, pues ellos eran la razón de mi tristeza. Ellos representaban todo lo que yo no había vivido con mis padres: vivir en familia, tener una mejor calidad de vida, educación, y mucho de lo que yo no había tenido. Esto era lo que yo creía, pero en realidad su verdad era muy distinta a mi opinión. Pensaba en todo eso a mis cortos nueve años de edad. ¡Sí! Tenía nueve años de edad cuando por primera vez conviví con mis padres.

Jamás imaginé que aquello que creía era el principio de ver hechos realidad mis sueños de salir de la tristeza, sería todo lo contrario. Mi madre convenció a mi abuela de que lo mejor para mí era finalmente irme con ellos a los Estados Unidos. Entonces, mi abuela y yo viajamos juntas a Houston, Texas, por primera vez.

Salí de México con mucha tristeza de pensar en el distanciamiento de mis abuelos, después de todo ellos eran la base de mi vida y yo no tenía más amor que el de ellos. Me sentía insegura y aterrada solo de pensar que a mi abuela le pasara algo, que se muriera o de alguna manera quedarme sin ella, no fue fácil para mí dejarla, pero ella sabía que en México ellos no podían brindarme las oportunidades que yo tendría en Estados Unidos, así que ella misma fue quien me convenció. Pero por otra parte, tenía la expectativa en mi corazón de todo lo que yo soñaba que podría ser mi nueva vida al lado de mis padres y hermanos, así que juntas emprendimos el viaje.

Cuando llegamos a Houston, Texas, mi abuela se hospedó con una de mis tías. Llegar a la casa de mis padres sin mi abuela fue el principio de lo peor de mi vida. Estoy segura de que, si mi abuela hubiera sabido el infierno que empezaría a vivir en esa casa, jamás me habría dejado con ellos. Aún hoy en día me conmociona recordar aquello. La bienvenida para mí fue el infierno que se vivía en la casa de mis padres: violencia doméstica, manipulación, falta de respeto, alcohol y drogas por parte de mi papá. Él manipulaba y agredía a mi madre físicamente, humillándola. Ella, a su vez, lo manipulaba verbalmente. El ambiente en la casa era de un miedo terrible para mis hermanos. Fue entonces cuando empezaron a aflorar las grandes diferencias entre ellos y yo, pues con el carácter agresivo que yo tenía, empecé a defender a mi mamá. Desde niña siempre detesté las injusticias y los abusos, así que rápidamente me aprendí dos palabras en Inglés: "Please, help". Llamé al 911, que es el número de emergencia en Estados Unidos, y mandé a mi papá a la cárcel por abusar de mi mamá.

Pero, la violencia no era lo único en sus vidas, sino el profundo daño de sus almas. Estaban tan torcidos en su modo de valorar la vida, que no me atrevo a usar el término "valores morales" porque no tenían ese tipo de valores. Se faltaban al respeto y agredían de la manera más majadera posible.

Esto me rebasaba a un nivel que no lo podía permitir, tres veces mandé a mi padre a la cárcel por las golpizas que propinaba a mi mamá, esto en tan solo dos meses. Recuerdo cómo mi hermana mayor me suplicaba que me quedara con ellos, pues todos supieron que yo era la única que tenía el carácter y el valor para enfrentar a mi papá y defender a mi mamá.

Cuando mi papá se enteró que había sido yo quien había llamado a la policía y lo mandó a la cárcel, afloró el verdadero yo que tenía dentro, intentó pegarme, y de inmediato le advertí que si me golpeaba volvería a llamar a la policía y lo acusaría de maltrato infantil. "Poco hombre, cobarde", éstas fueron mis palabras para él.

Sé que esto le revolvió la furia de sentirse frenado por mis amenazas; entonces, de la manera más humillante y agresiva me dijo: "¡¡¡¡ Lárgate de mi casa, no quiero volver a verte!!!!! No te quiero, nunca te quise, por eso te dejé. No eres mi hija, mírate, ¡¡¡¡eres prieta india !!!!"

> *Jamás imaginé que aquello que creía era el principio de ver hechos realidad mis sueños de salir de la tristeza,* sería todo lo contrario.

¡Al fin, el diablo me lo decía de frente! Ésta fue la primera vez que mis pensamientos de rechazo y abandono tomaron sentido y se convirtieron en realidad. Ya no estaba allí mi abuela para decirme que no hiciera caso de las palabras de la gente, que mis padres me querían. Aunque hubiera estado allí, ¡No!, ya no había manera de borrar aquellas palabras de mi propio padre. ¡Qué semillitas tan venenosas cayeron a mi suelo! ¿No lo creen? "¡Si él no es mi papá, entonces ¿quién es mi papá?! Es verdad, ni siquiera sé quién es mi verdadero papá. No soy nada, no valgo nada. Soy un estorbo. Soy fea." Éstos fueron los nuevos contratos que yo firmé, los nuevos acuerdos. Recuerda: nada es verdad hasta que tú lo crees, y ahora, yo estaba abrazando como mía esta nueva verdad a los nueve añitos de edad.

Nada es verdad hasta que tú lo crees

Me sentí en el suelo, fue un dolor terrible en mi corazón el asimilar estas palabras hirientes que traspasaron mi alma y se arraigaron en mi espíritu. Era verdad, no me querían, por eso me abandonaron y se olvidaron de mí. En ese entonces, no lo sabía, pero el enemigo tenía todo el derecho legal de venir a cobrarse en mi vida todas mis maldiciones generacionales, ¡Me restregó en la cara que yo no era amada, que no era deseada, que no era bienvenida, que ni siquiera mis padres me querían, mucho menos otras personas! En una oportunidad, después de gritarme a la cara y correrme de su casa, mi papá volteó, abrazó a mi hermana mayor, le dio un beso en la frente, y volteó a verme a mí y me dijo: "Ésta sí es mi hija. A ésta si la amo". "Está chula² mi hija", le dijo frente a mi madre.

No lo pude soportar, hice todo lo posible por no llorar, pero por más que me aguanté el dolor de sus palabras, fue más fuerte que mi carácter aguerrido y agresivo, rompí a llorar con toda la amargura de mi alma y llena de vergüenza de que me vieran mis padres y mis hermanos herida y llorando. Ésta fue la estocada final, salí de esa casa herida de muerte para nunca más volver, tras de mí dejé la humillación de la derrota.

---

² **Chulo(a):** Término que indica que algo o alguien es bonito y vistoso.

Solo tenía nueve años. ¡Nueve años! ¿A dónde va una niña con una herida de muerte en su alma con tan solo nueve años? No solo no tenía ni una muñeca con qué jugar, ahora tampoco tenía un techo. De verdad mi papá me corrió de su casa y mi mamá no hizo nada por protegerme, no sabía cómo encontrar a mi abuela, no sabía qué hacer para volver a mi México de donde no hubiera querido salir nunca. Yo no podía dejar de llorar.

¿Cómo haces para olvidar? ¿Cómo haces para borrar estas palabras de tu alma que quedaron selladas como si fueran un tatuaje? ¡¡¡ Te diré cómo!!! Ese fue mi adversario quien dijo eso, pero, mira que lo descubrí años más adelante por parte de mi Creador.

Salmos 27:10-12

[10] *Aunque mi padre y mi madre me dejaran, Con todo, Jehová me recogerá.* [11] *Enséñame, oh Jehová, tu camino, Y guíame por senda de rectitud A causa de mis enemigos.* [12] *No me entregues a la voluntad de mis enemigos; Porque se han levantado contra mí testigos falsos, y los que respiran crueldad.* Reina-Valera 1960 (RVR1960)

Ahora conozco esta verdad, pero por muchos años no la conocí. Sin embargo, cuando llegó a mí esta verdad, fue más poderosa que las marcas de las heridas, fue fuego que quemó y borró toda marca que mi enemigo dejó. Lo que descubrí es que nosotros estamos mal y vamos a preguntar sobre el defecto de fábrica al vecino, al amigo, al sicólogo, en lugar de ir a preguntarle al que nos hizo.

Quiero que nos quede muy clara esta verdad y te lo voy a ilustrar con el ejemplo de una computadora:

Tú compraste una computadora Apple. La ordenaste por internet, te llegó en la caja, pero no funcionó. Algo salió mal porque hubo un error humano a la hora de ensamblarla. ¿Qué haces? ¿Tú tratas de localizar a la persona que trabaja para Apple para preguntarle por qué cometió ese error contigo? No, ¿verdad? Porque tal vez ni siquiera tienes los recursos necesarios para buscar a ese hombre, pero lo que si vas a hacer es que con tu recibo, tú comprobante de compra, contactas a Apple.

Y ellos ahora, ¿qué hacen? ¿Acaso te dicen: no, no puedo cambiarla? Claro que no, ellos te van a restaurar tu computadora hasta que haga todas las funciones que estaba supuesta a hacer o bien te dan otra ¡completamente nueva! ¿Por qué hacen esto? Ni pienses por un momento que es porque tú les importas, es más, ellos no saben nada sobre tu persona, no saben si eres rico o pobre, feo o guapo. Ellos hacen la reparación porque tu computadora tiene un sello de garantía y ellos te la van a cambiar porque está en juego la reputación de ellos, la marca de ellos.

Dios es igual. Tú solo muéstrale el recibo de comprobante de compra. ¿Y cuál es este recibo? Pues,

Jeshua Jesús es el comprobante de compra, y la garantía es su palabra. Y cuando tú se lo muestras, él va a restaurarte por amor a su propio nombre y porque él va a cuidar su nombre, su reputación, para que no anden diciendo por ahí que Apple es una mala marca. ¿Me entiendes? ¿Me explico?

Dios nunca me dejó, no me desamparó. Él tenía su plan para protegerme, y sin saber el propósito, un poco antes de que mi papá me echara de su casa, había conocido a una vecina a quien ayudé a cargar sus bolsas del mercado. Al entrar a su casa, empecé a lavar los trastes sucios que vi en su fregadero.

A mí me pareció de lo más normal hacerlo y ella sorprendida quiso detenerme, pero yo le dije que sabía hacerlo y que estaba acostumbrada. Aquella mujer fue como un ángel de Dios en mi vida, me gustaba mucho estar con ella, platicábamos con frecuencia, y el día que mi papá me corrió de su casa, ella y su marido me acogieron en su casa como a una hija.

Dios los usó en mi vida como el primer contacto que tuve con el evangelio de Jesús, pues eran pastores. Viví con ellos por un mes, hasta que un día mi abuela apareció buscándome muy sorprendida y enojada por lo que mis papás me habían hecho. De inmediato me hizo saber que me regresaría a México y me dio su boleto de autobús para regresarme antes que ella, pues yo no tenía por qué estar en desamparo familiar si yo tenía todo el amor con mis abuelos en México.

Regresé feliz y determinada a nunca jamás volver a los Estados Unidos y mucho menos con los que se decían mis papás, pues ya los había conocido mucho mejor de lo que me hubiera gustado.

Mi abuelo me recibió con el amor de siempre, pero pasadas unas semanas, los dos estábamos muy preocupados por no tener noticias de mi abuela, pues me había asegurado que solo unos días después también volvería a México. Luego de varias semanas, llegó mi tía, pero sola, sin mi abuela.

Me recuerdo corriendo rumbo a recibirla para platicarle que estaba feliz de haber regresado, cuando mi tía me hizo frente, me dio la bienvenida con palabras hostiles de rechazo, amenazándome a consecuencia de la salud de mi abuela, que si algo malo le pasaba a su mamá, sería mi culpa y lo pagaría muy caro. Ni siquiera entendí por qué me lo decía, mi amada abuela había sufrido una crisis nerviosa a raíz de que supo lo que me había pasado con mis padres en Houston y encima me señalaban como la culpable de la salud de mi abuela. Me aventó al suelo unos cuantos pesos, exigiéndome que me largara para nunca volver. ¿Qué había hecho yo en la vida para merecer tanto desprecio?

> *Dios es igual. Tú solo muéstrale el recibo de comprobante de compra. ¿Y cuál es este recibo? Pues, Jeshua Jesús es el comprobante de compra, y la garantía es su palabra.*

Desde entonces busqué aceptación y amor, pero no lo encontré. Mendigué cariño peor que un animalito sin dueño, le lavaba la ropa a mi tía o hacía cualquier tarea doméstica solo por un poco de amor, todos me trataron como a una arrimada, nadie me hizo sentir que era de su familia. Yo lo aceptaba y excusaba porque, después de todo, ellos no tenían la responsabilidad ni de cuidar de mí ni de amarme, así que todo desprecio que yo pudiera recibir era bienvenido.

A quien yo sí culpaba de esto era a mi pobre madre, pues creía que era responsabilidad de ella cuidarme, amarme y protegerme, mas no estaba dispuesta a hacerlo. ¿Cómo podría hacerlo? Si ella también vivía una vida de opresión. Aquí reitero que entiendo que era la obra del diablo en mi vida, no guardo ningún resentimiento en contra de mis familiares.

Luego de todo lo horrible de mi estancia en Estados Unidos, regresó mi abuela en buena salud. Me sentía feliz de volver a la estabilidad que me daban mis abuelos, ellos eran mi hogar, mi lugar de refugio, donde me sentía protegida y segura. Así recuerdo la casa de mis abuelos, como mi única fuente de amor, mi verdadera y única familia.

Después de cierto tiempo, recibimos la noticia de que a mi papá estaba en la cárcel por tráfico de drogas. Lo había capturado la policía mexicana y le habían dado una sentencia de muchos años de prisión. Esa sería una de las mejores noticias que yo recibiría. Me alegré tanto que yo decía "Perfecto, guardadito para que no se empolve", pues el dolor tan grande que me causó, me robó mi identidad. El dolor hizo que se convirtiera en desprecio o hasta odio, tal vez podría decir.

Escribo estas líneas y lloro porque cómo es posible que una niña tan pequeña sea capaz de almacenar tan malos sentimientos. Para sorpresa mía, mi mamá lo visitaba en la cárcel. En aquel tiempo, mi papá ya la había abandonado por irse con su mejor amiga, ya vivía con aquella mujer, pero aun así, lo buscaba en prisión. Me parecía increíble que después de todo el abuso, el dominio, los golpes, la humillación con que la trató, y todavía ella viajaba desde Estados Unidos para verlo a él. Lógicamente a mí no me parecía bien lo que mi mamá hacía y le reclamaba por visitar a mi papá. Esto, lógicamente, era motivo de problemas y siempre acabábamos discutiendo. A raíz de esto, se provocó un distanciamiento aún mayor entre mi madre y yo, un abismo diría yo. Por más que le hacía ver que no era normal, ella me decía que yo era como mi papá, una mala persona.

La pregunta en este punto de mi vida era ¿A quién defendí? ¿Qué caso tuvo todo lo que viví con ellos? Ahora entiendo que espiritualmente es la misma trampa de la manipulación. También entiendo que había lazos muy fuertes que los mantenía atados a un círculo vicioso.

Cuando creí que el asunto de mis padres y hermanos era asunto olvidado, pues yo me sentía a salvo con mis abuelos, y obviamente no tenía la menor intención de volver a Estados Unidos, recibí una carta de mi papá que me escribía desde la cárcel.

La carta llegó con un regalo, jamás había recibido un regalo y menos de mi papá, era un frutero hecho a mano por él mismo que decía así: "Para mi hija amada". Esto fue muy impactante para mí, nunca me había buscado y de buenas a primeras su carta era totalmente conmovedora: me pidió perdón reconociendo el daño que me había hecho y me pedía que lo visitara, me decía que yo era lo único que él tenía en México y que además me amaba mucho. Yo no sabía qué pensar, pero mi abuela que era una mujer de principios y de buen corazón, me llevó a visitarlo. Solo Dios y el diablo sabían cuánta necesidad tenía en mi corazón del amor genuino de mi papá, así que cuando llegamos a la cárcel, me abrazó y me besó, me volvió a pedir perdón y a asegurarme que me amaba mucho. Creo que en ese momento surgió algo nuevo en mi corazón, después de todo, yo necesitaba mucho amor. Algo despertó en mis sentimientos y poco a poco, bajé la guardia.

MI MAYOR HERIDA

Quiero pedirte que, por favor, entiendas que darte detalles de lo que sería mi abuso no es con la intención de morbo o de faltarle el respeto a mis papás, ellos estaban atados, estaban ciegos y no conocían la verdad, no conocían de Jesucristo, el hijo de Dios. Tampoco estamos viendo estos detalles para que tú me tengas lástima. El propósito es identificar cómo

un abuso sicológico se va formando, cómo el abusador va tomando control de tu mente, de tu voluntad
y me atrevería a decir, de tus pensamientos, pero
cuando estás dentro del círculo de abuso, no lo puedes ver, pero sí lo puedes ver en otras personas. Es
mi oración que si tú continuaste leyendo hasta esta
página es porque tú hoy vas a ser libre y las escamas
van a caer de tus ojos y tú vas a poder identificar en
cuáles áreas de tu vida tú estás siendo manipu-
lado(a). La manipulación es pecado, es peor que la
brujería, pero te tengo buenas noticias: aquí te
pongo otro recibo de garantía ¿Estás listo?

1 Juan 3:8

*El hijo de Dios apareció para desaparecer las obras
del diablo*

Y aquí otra factura más:

Juan 8:36

*Así que, si el Hijo os libertare, seréis verdaderamente
libres.*

Y el Hijo de Dios sí quiere libertarte y lo va a hacer
hoy mismo. Así que por favor continúa leyendo.

Aun estando en la cárcel, continuamos en comunicación y establecimos por primera vez en la vida
una relación de padre a hija. El pasado había que-

dado atrás, se mostraba como un papá de verdad, era amoroso y me trataba como yo hubiera querido que lo hiciera siempre.

Me hizo muchas promesas y bueno, ¡Al fin, de verdad tenía a mi papá! Tengo que confesar que era la niña más feliz del planeta. Me parece increíble que todo esto sucediera en tan solo unos pocos meses, pero así fue, supo borrar la tristeza del abandono, el rechazo, el dolor y todo lo malo que yo pensaba de él. Definitivamente ¡Yo amaba a mi papá!

Nunca hubiera creído lo que en realidad planeaba en su corazón, le funcionó su táctica.

Inesperadamente, le acortaron la sentencia a solo tres años por buena conducta. Una vez fuera de la cárcel, viajó directamente a nuestro pueblo para hablar con mi abuela. Por supuesto que se le recibió con mucho cariño y se sintió bienvenido, después de todo, él era el padre de su nieta adorada y empezamos a convivir todos juntos en familia.

Todo parecía ser muy bueno, pero muy pronto descubriría que todo era un plan de manipulación bien urdido.

Al salir de la cárcel, mi papá me platicaba lo que había vivido en esos años de encierro. Según él, todos los maltratos y crueldades de la cárcel le habían afectado tanto, que todo el tiempo, en especial de noche, sentía mucho miedo. Me abrazaba mucho, según él, porque tenía miedo, y yo era quien lo ayudaba a no sentirlo. Después de todo, no estaban con nosotros el resto de mis hermanos, así que yo era su fuente de cariño.

Su manera de abrazarme y besarme me incomodaba mucho, pero bueno, tampoco había experimentado el cariño de un papá como él. Así que nos abrazábamos como suponía lo hacen todos los papás con sus hijas. Desde el principio me pidió que me quedara a dormir en la misma cama, pues decía tener mucho miedo de noche, y precisamente una noche, mientras yo dormía, de manera sorpresiva me tocó mis partes íntimas, y eso no solo no me gustó sino que me asustó, pero no le dije nada. Me sentí tan turbada que no tuve el valor de hablar con él, pero empecé a desconfiar; por otro lado, allí estaba mi abuela. A la mañana siguiente, se mostró muy preocupado, creo que en realidad quería saber si para mí había sido agradable, y temía que yo fuera a decirle a mi abuelita. Ahora entiendo que solo me estaba midiendo.

Me pidió perdón y me aseguró que no lo había hecho a propósito, que había soñado con otra persona y me juró ante la virgen que no volvería a pasar. Cabe recalcar que para mí jurar algo frente a la virgen era algo de mucho peso, de mucho valor, por mi formación en el catolicismo donde se nos inculcó venerar a la virgen como si ella fuera el mismo Dios.

Para este momento, yo ya quería tanto a mi papá que le di el beneficio de la duda, pues siempre era muy cariñoso. Poco a poco, la manipulación a través de mis sentimientos era más y más.

Me ofreció una nueva vida, juntos para siempre. Tenía planes de llevarme de regreso a Houston y aunque él ya no estaba con mi mamá, me prometió que estaríamos unidos como familia, que le pediría perdón a mis hermanos y a mi mamá y viviríamos como la familia que siempre soñé tener. Siempre soñé con jugar con mis hermanos, todo lo que me decía me sonaba muy bonito: yo estaría para siempre con mi papá, ya no sería la niña abandonada que carecía de lo más básico.

Esta vez tendría la oportunidad de ir a una gran escuela y todas las cosas que siempre había querido tener, no más pobreza. Seguramente mi abuela Juanita me vio tan entusiasmada que creyó al igual que yo que sería el comienzo de todo lo bueno que me merecía y que en México para ellos no era posible darme. Así que sin más, a mis trece años, salí de la mano de mi amoroso papá rumbo a nuestra nueva vida en Estados Unidos.

Aunque solo Dios sabe la tristeza que me cubrió el alma al desprenderme de lo que más amaba, mi amada viejita. Es más, esto es algo que aún no he logrado superar, pensar en esa despedida y en el dolor que le causé a mi hermosa viejita me duele el alma solo al recordarlo y no puedo evitar el llanto.

Cuando me vi en aquel camión que me alejaba más y más de mi hogar y de mis abuelos, lloraba y lloraba sin parar. Cuando me vi de verdad sola con mi papá, me quise regresar con mis abuelos, pero ya era tarde, por supuesto que el camión nunca paró.

Y mi mamá, ¿dónde estaba?

Mi papá cambió de táctica cuando supo que mi mamá tenía otros planes, y ahora me prometía que la perdonaría, que viviríamos todos juntos en familia, sin problemas ni pleitos, porque estaba decidido a recuperarnos y a hacer que las cosas caminaran bien. Bueno, sin dejar de jurarme que yo era la más especial de sus hijos, que a mí me amaba más y que a nadie consentiría como a mí, pues él decía que me amaba con dolor por todo el sufrimiento que pasé por no haber crecido con ellos.

Después de todo, era yo quien estaba solidariamente con él en este tiempo de crisis. La mejor promesa fue cuando me prometió me daría dinero para que yo les mandara a mis abuelitos. Al llegar a Estados Unidos, me ilusionaba mucho la idea de estudiar y trabajar,

> *Solo Dios sabe la tristeza que me cubrió el alma al desprenderme de lo que más amaba, mi amada viejita.*

ya que con la carencia en la que había crecido, el dinero me ilusionaba mucho, pues quería todo lo que una niña como yo pudiera desear. No solo era el dinero, sino lo feliz que me sentía de tener la gran atención de mi papá, la manera en la que me trataba, me hacía sentir como la persona más importante para él. ¡Al fin! ¡Al fin, ya

no era una niña abandonada! ¡De verdad me quería mi Papá!

Pero que desilusión, no era verdad...

Poco a poco dejó ver su verdadero carácter. Me di cuenta que era un drogadicto y alcohólico. Supongo que nunca dejó el negocio de la droga como me lo había hecho creer. En medio de sus negocios sucios tenía que esconderse y actuaba de manera muy rara. No fuimos a buscar a mi mamá y hermanos como me lo había prometido y a todo lo que yo le preguntaba tenía una respuesta bien calculada y manipulada.

Finalmente, un día visitamos a mi mamá. Tristemente, éste fue uno de los primeros y más decepcionantes momentos del comienzo de mi nueva vida en Estados Unidos. Descubrí que mi madre ahora era una alcohólica, la encontré totalmente ebria y en cuanto me vio, intentó golpearme, pero no lo logró. No podía creerlo, pero ¿Qué le hice para que reaccionara así conmigo? Todo lo que yo quería era su cariño.

Más tarde supe que gente cercana le venía a decir que yo tenía una relación malsana con mi papá. Pero ¿cómo era posible que lo creyera? En este punto de mi vida, quiero tomar el tiempo para detallar cómo las palabras de una madre son decretos poderosos sobre la vida de sus hijos, para bien o para mal, es decir para bendición o para maldición. Mi familia por ambas líneas viene de iniquidad y pecado generacional. El diablo tenía las puertas abiertas en mi vida a través de mis padres, y aquí viene uno de los peores decretos que mi mamá estando muy borracha y en su enojo, llena de desprecio, declaró sobre mí. Me maldijo diciendo que cuando tuviera hijos ni siquiera sabría quién sería el padre. ¿Puede darse cuenta de la gravedad de sus palabras?

Era la entrada para ponerme como presa del diablo, a la deriva del pecado sexual de cualquiera, me veía como a una inmoral que merecía las peores bajezas, o sea que en el futuro no me veía bien casada como todas las madres quieren ver a sus hijas. ¡Fue espantoso para mí!

Pero más adelante yo también descubriría otro recibo de garantía y mira lo que dice:

Proverbios 26:2

Como el gorrión en su vagar y la golondrina en su vuelo, así la maldición nunca vendrá sin causa.

Memoricé estas verdades, estas leyes. Así, cada vez que el enemigo me susurraba al oído: "Jamás vas a casarte, tu mamá te maldijo", "Jamás vas a tener hijos, tu mamá te maldijo", "Por eso no te va bien en las finanzas, pues tu mamá te maldijo", yo le decía a mi Padre Yahvé Dios Abba Padre: "Mira lo que me está diciendo el diablo, tu adversario". Entonces, mi Señor me decía: "Habla, te di el antídoto, aléjalo de ti". Entonces, le gritaba: "Diablo mentiroso, vete al infierno. Aquí está escrito por mi Padre, el Rey de Reyes, Proverbios 26:2, tú le abriste la boca a mi madre, esa maldición no tiene fundamento, está anulada".

Tal vez a ti no te la dijo tu mamá o tu papá, tal vez fue un novio o una novia, una amiga, un maestro, es igual y funciona igual, es una garantía de antídoto contra las maldiciones.

Gracias a mi Amado Dios por todas estas verdades. Es por eso que el día de hoy estoy parada, de pie, triunfante, sana, restaurada, bendecida, prosperada en victoria, y ahora escribo esto para que a través de estas líneas, tú también encuentres la libertad que tanto anhelas.

Capítulo 3

EL JUEGO DE LA MANIPULACIÓN DE LA MENTE

Mi papá aprovechó la ocasión y se reafirmó como el único que me quería y salimos huyendo a toda prisa de Houston. Llegamos a Atlanta y acabamos en una pequeña ciudad de Carolina del Norte. Mi abuela paterna siempre estaba con nosotros.

Yo aún no me percataba de las macabras intenciones del enemigo. Aunque el comportamiento de mi papá sí era demasiado raro, su acercamiento físico era cada día más y más, las muestras de afecto hacia mi persona cada día eran mayores y aunque yo sí lo notaba, era una acción demasiado diabólica para que yo la pudiera entretener. Es más, me sentía mal por pensar mal de mi papá, me decía "Abelina, estás loca, ¿cómo crees que tu papá va a tener malas intenciones contigo?, es tu papá, te ama, te va a proteger, él es celoso en exceso, pero porque está preocupado por mí". ¡¿Será?! Me volvía a preguntar y estas sospechas me torturaban. Además porque mi abuela paterna ahí estaba las veinticuatro horas con nosotros. Así que yo misma me contestaba "Abelina, estás enloqueciendo. ¿Qué te pasa? Tu papá jamás haría nada, nada malo hacia tu persona".

Cada día, pasaban cosas más y más extrañas. Mi papá me aisló de tener contacto con absolutamente nadie. Rentamos un pequeño departamento junto con sus dos hermanos y mi abuela en uno de los lugares más peligrosos de la ciudad de Atlanta, Georgia. Estar con mis tíos fue una táctica de Satanás muy bien planificada, porque yo bajé todas mis defensas. Mi padre se iba a trabajar y al salir nos dejaba incomunicadas a mi abuela y a mí, sin un televisor, sin un teléfono, sin ningún libro o revista para leer. El pequeño departamento no tenía ni un solo mueble, ni siquiera una silla donde sentarnos. Mi abuela y yo estábamos completamente aburridas. Mi padre aumentó su consumo de drogas, y alegando que tenía miedo, él dormiría con mi abuela y conmigo en la recámara y mis tíos en la sala.

INICIO DE MI ABUSO SEXUAL

Al estar durmiendo juntos, mi padre empezó a tener comportamientos aún más raros. Ten en cuenta que si bien yo tenía trece años de edad, el hecho de crecer en provincia, lejos de los medios de comunicación, en realidad, yo viví en un ambiente muy inocente y desconocía, no tenía ninguna educación en el área de la sexualidad.

Al mi padre estar durmiendo tan, pero tan cerca de mí y cada día su cuerpo más pegado al mío, empecé a escuchar sonidos que me intimidaban como la respiración, etc. ¡Qué asco me da solo de recordar! Mi padre se estaría masturbado frente a los ojos de su propia madre y a tan solo unos pequeños metros de sus hermanos. Esto me aterrorizaba, yo sabía que era incorrecto pero no sabía cómo reaccionar, hasta que un día me armé de valor y le advertí que me molestaba mucho escuchar esos ruidos extraños y además que me daba un asco tremendo tener que sentir mucosidad en mi cuerpo, pues yo no sabía que era semen, yo creía que solo era mucosidad, como de la nariz, cuando te da gripe. Incluso, llegué a pensar que él estaba enfermo y me daba lastima. Creía que sentía dolor y que por eso sus sonidos eran tan raros.

Que astucia del enemigo, por mi carácter aguerrido tenía que pasar de esa manera para poder doblegarme. De otra manera, jamás hubiera podido conmigo debido a mi carácter de guerrera, de decir siempre "no" a las injusticias, de recordar la buena educación que mis abuelos me dieron, pues jamás me atreví ni siquiera a tomarle la mano a un noviecito, ¡qué va! Eso para mí era aberrante, mucho menos un beso, eso jamás. Pues muy bien, Satanás me ganaría la primera batalla, pero la guerra aún no termina.

Mi padre me da la respuesta acertada. Me explica que los hombres tenían necesidades físicas, que no estaba enfermo y que él no estaba tocando mis partes íntimas, que nunca lo haría, que solo estaba descansando.

SE ADUEÑÓ DE MI VOLUNTAD

En una oportunidad, mi papá me habló y me explicó: "Hija, cuando estuve en la cárcel leí mucho la Biblia y quiero que sepas que tú eres mi vida entera, que te amo más que a mí mismo, que tú eres mi razón de ser, y aprendí que Dios dice que él es amor, y que nada de lo que un ser humano pueda hacer por amor es pecado. ¿Tú crees que yo te quiero?". "Sí. ¡¡ Claro que sé que me quieres, papá!!" Pero, no me dejaba hablar y él continuaba, "Hija ¿tú crees que yo algún día te haría daño?". "Hum, no papá, no lo creo". "Exactamente, hija, yo daría mi propia vida por ti". ¡Wowwwww! ¡Qué palabras tan maravillosas yo escuchaba! Recuerda una niña que creció sin afecto, sin el amor físico de nadie. Jamás recuerdo que nadie me diera un besito o un abrazo. Jamás recuerdo que nadie me dijera que me quería, nadie, absolutamente nadie, ni mis abuelitos, y ahora yo escuchaba esto, pues fue como miel a mis oídos. Lo abracé, lloré y le dije "Gracias, papá, muchas gracias por quererme. Yo también te quiero papá". Él continuó. La Biblia fue la que me hizo cambiar de ese hombre malo de quién yo era hija, y en ella leí que todo lo que hagas en amor Dios lo perdona.

¡ALTO! ALTO AQUÍ, POR FAVOR.

Quiero que entiendas que la Biblia no dice esto. Satanás estaba manipulado las Escrituras para poder hacer su hazaña mayor, su propósito era matarme y esto fue una táctica muy bien maquinada. Si me atrevo a decirte que fue Satanás y no mi padre, es porque mi padre es una persona sin intelecto alguno, y él no tiene la inteligencia ni la capacidad mental para hacer algo tan perfecto. Y no es que lo estoy escudando y quitándole el sentido de responsabilidad, ni atribuyendo ahora que todo lo malo que pasa sea el diablo quien lo hizo, de ninguna manera, porque Dios nos dio libre albedrío, es decir la capacidad de pensar, de decidir y de actuar. No somos robots manejados por un control remoto.

MI MAYOR DERROTA

"Hija –continúa mi padre– yo siempre voy a cuidarte de que nada malo te pase, por lo tanto, yo como hombre tengo necesidades y no quiero buscar una mujer

> *Que astucia del enemigo, por mi carácter aguerrido tenía que pasar de esa manera para poder doblegarme.*

prostituta ni mucho menos una madrastra para ti". "¡Hum! ¿Qué me querrá decir mi padre? No le entiendo". "De ahora en adelante voy a descansar contigo, más nunca te haré daño, no voy a tocarte, un día vas a casarte virgen y yo mismo voy entregarte en el altar, vestida de blanco, con un hombre que te quiera y te valore, porque tú eres una bella princesa digna de casarte con un buen hombre". ¡Wow!. De nueva cuenta me logró convencer. Solo de recordarme estas palabras y volver a vivir este momento mientras escribo, tengo que parar para secar mis lágrimas. Tengo coraje y rabia de la astucia tan grande de nuestro enemigo.

"Muy bien, papá, que sea como usted dice", y a partir de ahí, mi padre se masturbaba cada noche frente a los ojos de su madre, y aunque yo la despertaba, la movía, ella se hacía que no me sentía. Yo, mientras tanto, sentía muchos sentimientos encontrados, pero al fin y al cabo, era mi papá y el jamás me haría daño. Algo de mí me decía que esto no era correcto, y algo me decía "Él tiene razón. Él dijo que si él me quiere, que Dios no castiga". Y así transcurrieron unos cuantos meses, poco a poco escaló hasta que un día...

LA MAYOR TORTURA

Mi abuela y yo seguíamos incomunicadas con el mundo exterior, pues no me dejaba tener contacto con absolutamente nadie. Cada vez que le preguntaba cuándo iría a la escuela, me decía "No tengo tiempo de ir a inscribirte, pero la semana que viene voy", y así pasaron las semanas y los meses. Hasta que un día me preguntó sobre mi período menstrual. ¡Hum!, ¡¡Qué vergüenza!! Él sabía que a mí me pasaba eso. "Trágame tierra". Mi respuesta fue muy corta, porque me incomodó mucho. Le dije: "Sí, sí me pasa, pero cuándo, no sé", le contesté. Le dijo algo al oído a mi abuela que no escuché y se sonrieron los dos. Me dijo mi abuela: "Acuéstate, déjame checar tu vientre. ¡Hum! como ¿para qué dije yo?". Se voltearon a ver preocupados. Me revisa mi abuela frente a los ojos de él y le dice: "Hijo ¡¡¡ésta está panzona!!!! ¿Qué dije yo al escuchar eso? "Me dijo gorda. ¿Qué le pasa? Si yo hago ejercicio aquí, porque no tengo nada más que hacer, pues hago sentadillas".

"No, tonta. Dije que vas a tener un hijo". ¿Cómo era posible? De inmediato mis ojos se convirtieron en un mar de lágrimas, pues ahora sí, todo lo que muchas veces escuché de niña, que yo jamás iba a ser nadie, que me corrieran de la casa porque yo iba a salir embarazada sin casarme, etc., etc., todo era una realidad.

Después de todo, todos tenían razón, yo sí era mala y simplemente nunca lo quise aceptar. Adiós escuela, adiós sueños, adiós a la ilusión de un día festejar mis quince años, adiós a la ilusión de un día casarme. No entendía nada, no entendía cómo había podido suceder aquello. Si mi padre me aseguró que no era malo. Él me prometió que me cuidaría. Yo jamás sentí que me tocara mis partes íntimas. ¿Qué sucedió? Nunca me había besado los labios. Porque yo creía que las personas también se embarazaban por besarse ¡Qué inocencia la mía! Y ahora ¿qué voy a hacer?

Entonces todo lo que dijo fue mentira. Hasta ahí me cayó el veinte, hasta ahí comprendí la maldad en la que yo había caído sin darme cuenta. Amigo lector(a), escucha mis palabras: "Mi maldad", yo me responsabilicé por el pecado y la perversidad de mi papá.

En unos cuantos minutos me di cuenta de que yo era la persona más infeliz del planeta Tierra, la peor de las mujeres, ¿Mujeres? Si apenas iba a cumplir catorce añitos. ¡Qué dolor para mi abuelita! ¿Qué iría a pasar el día que ella se enterara? El solo hecho de pensar en ello me arrancaba las lágrimas más tristes de mi alma. Después de llorar amargamente y cuando ya pude pronunciar palabras, le dije a mi papá: "Me tengo que ir. Tengo que huir de aquí". "ME MATO SI TE VAS", me dijo mi papá, y ahora empieza él a llorar. Será que por eso hasta el sol de hoy me molesta ver llorar a un hombre, me da rabia. ¿Qué me dijo? ¿Cómo me va a obligar a quedarme aquí, a ser la burla de las personas? Pues en el barrio de mala muerte donde vivíamos, ahí mismo estaba toda la comunidad del pequeño pueblo de donde él era. Mi abuela, la madre de él me empezó a insultar y a agredir, me gritaba "Mira, tonta, me estás haciendo llorar a mi hijo ¡¡¡Cómo te atreves!!!". Esto sí que era el colmo del descaro, ¿cómo es posible que una madre esté de acuerdo con el pecado de su hijo? Esto se llama iniquidad, maldición, depravación generacional. Si así eran los estándares de su mamá en cuanto a moral y virtud, pues eso explicaba por qué su hijo era así.

En fin, mi padre la calmó y le dijo que no me agrediera. Yo no tenía salida, no había alternativa. Me recordé del número de teléfono de una tía y la llamé, le conté toda la verdad, y ella con mucho dolor me dijo que no me podía ayudar y que, por favor, no le dijera a nadie más porque podía poner en peligro a mi papá, a sus hermanos y su matrimonio. "Lo siento mucho, hija, pero no quiero problemas. Imagínate, se entera mi esposo y me deja". No la culpo, pues ella también era una mujer sumisa y con hijos pequeños.

Detente un poco conmigo y ve como el pecado hace ciegas a las personas. El pecado te ata, te encadena, te pone en una prisión y no te deja ver.

Mi solución. Encontré la solución para terminar con el problema. Sí, creo que adivinaste, la única solución que se me ocurría era la muerte. "Me tengo que morir, me quiero morir". Así que me tragué cuantas pastillas pude. Deseaba con toda el alma y la vida desaparecer. Sin embargo, tenía mucho miedo de morir. Entre lágrimas y sollozos le pedí a Dios que me perdonara y que, por favor, tuviera misericordia de mí y al pasar la línea entre la vida y la muerte, que él estuviera ahí para recogerme. Mas yo sabía que él no estaría ahí. Estaba segura que a quien me iba a encontrar era a Satanás, al que tanto miedo le tenía y al que odiaba. Sí, así es, desde niña odié a Satanás.

¿Sabes? No importa cuánto le pidas a Dios o le implores que te recoja cuando mueras, la única certeza que tenemos de que Él nos salvará en la muerte y vendrá a recogernos, como le decía yo, es con la siguiente factura de comprobante de compra. Dios dice en su Palabra que todos alguna vez hemos pecado. Jeshua Jesús lo dijo así: *"Si ya pensaste en tu corazón, ya pecaste".*

Mateo 5:28

Pero yo os digo que cualquiera que mira a una mujer para codiciarla, ya adulteró con ella en su corazón. Reina-Valera 1960 (RVR1960)

Dios también dice que la paga del pecado es la muerte.

Romanos 6:23

Porque la paga del pecado es la muerte, más el regalo de Dios es la vida eterna en Cristo Jesús Señor nuestro.

Si tú alguna vez has violado la ley de Dios, te tengo malas noticias. Sí, así es, ya tú lo sabes. Sin importar cuál fue el artículo de la ley que violaste, tú y yo tendríamos que irnos al infierno. Pero ahora te tengo una mayor y mejor noticia, y es que Dios sabía que nadie, absolutamente nadie, iba a poder cumplir su ley, así que dio un pago, pagó por ti, por todas tus transgresiones, por todos tus pecados.

Él tuvo que mandar a su hijo a la tierra. Su hijo tuvo que dejar su deidad; es decir, renunció a ser Dios y se hizo de una materia compuesta de carne y hueso, como tú y como yo, y mientras que él vivió aquí en la tierra por treinta y tres años, él nos dejó un manual de cómo debemos vencer, derrotar, a Satanás, nuestro enemigo, para que vivamos una vida plena, completa aquí en la tierra, pero lo que sí es verdad es que un día tú y yo vamos a morir, y cuando eso pase, la única garantía que tenemos para ir a los brazos del Padre es que le mostremos la factura sellada y firmada de compraventa, y ¿cómo se hace eso?

Romanos 10:9-13

Que si confesares con tu boca que Jesús es el Señor, y creyeres en tu corazón que Dios le levantó de los muertos, serás salvo.

Pues bien, yo ni había confesado con mi boca y pues ni tampoco creía en mi corazón, yo pensaba que solo se iba al cielo la gente buena y la mala al infierno. Todos somos malos, todos hemos pecado... Lo único que tenemos que hacer es saber que tenemos un papá que nos hizo, un papá que nos ama, un papá que odia al pecado y un papá que ama al pecador, y por lo mismo, mandó a su hijo, su único hijo para que todo aquel que en él crea, no se pierda, pero tenga vida eterna.

Quiero apelar a tu corazón y en el nombre de ese amor que Jesús tiene para ti, te quiero pedir que tú también lo aceptes hoy, que tú lo recibas hoy. Cuando yo no lo conocía, el enemigo me hizo trizas. Él quería matarme, mi vida cambió para siempre después de que yo conocí a mi Señor, a mi Redentor, a mi Salvador. Anda, vamos a hacer esta transacción legal y vamos a generar un ticket, un recibo de compraventa que diga quién es la fábrica de manufactura quien te hizo y quién pagó por ti. Es muy sencillo, solo tienes que entender en tu cabecita lo que estás leyendo y repetir con tu boquita lo que estás creyendo.

Señor Joshua, tu nombre en Hebreo; Jesús, tu nombre en español. Yo confieso con mi boca lo que mi corazón cree: Yo creo que Tú eres el Hijo de Dios. Yo creo que tú te hiciste hombre, yo creo que tú naciste por medio de una virgen y yo creo que tú me amas. Yo creo que tú eras sin culpa ni pecado, y yo creo que moriste en una muerte de cruz y te hiciste maldición para que yo fuera bendito.

Yo creo que te golpearon y que tus llagas sanan mis heridas y mis enfermedades. Yo creo que moriste en una cruz y que estuviste muerto por tres días pagando por cada uno de mis pecados. Por lo tanto, yo no tengo que pagar por mis pecados porque tú ya lo hiciste por mí. Yo creo en mi corazón y confieso con mi boca que todo esto que acabo de leer y de repetir con mi boca es la verdad. Yo creo que tú has resucitado y que ahora mismo estás sentado en la derecha de tu Padre.

Ahora te pido que perdones todos mis pecados. Satanás, yo rompo con todo acuerdo que yo hice contigo, los acuerdos que hice por ignorancia y los que hice con plena facultad de mis sentidos, rompo contigo, ya no te necesito más. Jesús, ahora yo te recibo en mi corazón. Entra, límpiame, lávame, transfórmame, te doy mi vida, me entrego completamente a ti, me someto a ti. Espíritu Santo de Dios, te recibo, enséñame, muéstrame a Jesús, dirige mi vida, endereza mis pasos. Gracias, mi amado Señor, por recibirme en tu trono como tu hijo. Gracias, porque hoy mi nombre está escrito en el libro de la vida para siempre. Por toda la eternidad te pertenezco y soy tuyo y tú eres mío para siempre, ayúdame a seguir tus estatutos y tus pasos. Amén.

Muchas gracias, querido amigo, querida amiga, querido hermano en el Señor Jesús. Ahora los ángeles hacen fiesta en el cielo por ti. Tú no acabas de cambiar tu religión, tú lo único que hiciste es que acabas de iniciar una relación personal con tu creador. Es la mejor decisión de tu vida. Te mando un abrazo grade, grande. Es más, pon tu libro en el piso y pon tus dos manitas sobre tus hombros y ¡¡¡ recibe el abrazo de tu papi!!!!

Capítulo 4

LAS DIFAMACIONES DE MI PADRE

Transcurren los días y yo sumergida en una gran tristeza, me enfermé del alma. Después de tomar esas pastillas y de ser rescatada por la misericordia de mi Papito, estuve muchos días sin poder comer o caminar, pues mi abuela me había hecho un lavado estomacal que incluía cloro y demás. Por supuesto, no me llevarían al doctor, pues pondría en peligro a mi padre. "Dios mío, debe haber una salida. Dame claridad, ¿qué voy a hacer? Muchas veces contemplé la idea de huir a México con mis abuelitos, pero qué vergüenza para ellos, además mis tíos jamás iban a permitirlo, pues porque le decían a mi pobre abuelita "Tu nieta entra por una puerta y nosotros salimos por la otra". ¡Qué tormento para mi viejita!

Me encontré en un callejón sin salida. El cuento de hadas había terminado, y me hice a la idea de que esa sería mi vida: ahora viviría para proteger a mi hijo, ahora viviría y trabajaría para amar a mi hijo con toda mi alma y le daría todo lo que estuviera a mi alcance, por lo menos todo mi amor.

Así que le exigí a mi padre que me dejara trabajar y él accedió, pues ya tenía una historia muy bien planeada: mi padre inventaría que yo me había embarazado de un supuesto novio, pero como él era un hombre tan noble, no me correría de la casa, más bien me iba a proteger y a ayudar, porque me quería mucho y decía "Mi hija no es la primera ni la última que sale embarazada, y porque cometió un error yo no la voy a echar. Yo he cometido muchos errores en la vida". Así se lo hizo saber a toda la familia. A mí me dolía escuchar esas palabras y me daba impotencia de ver cómo ahora él era el héroe de la película. Él y un tío materno que vivía en el barrio, pero que no me dejaba hablar con él, me propusieron abortar. La sola idea me molestó y, por supuesto, que eso jamás lo haría.

MI NUEVA VIDA

Ahora sí, ya estando embarazada, mi papá empezó a usar de mi cuerpo como le daba la gana. A mí ya todo me daba igual, total, ¿qué más me podía pasar? A mi padre le favoreció todo y él sí estaba feliz, pero yo ya había muerto en vida.

Pronto los rumores empezaron a correr y llegó a los oídos de mi madre que yo estaba embarazada, y aunque mi papá había inventado su historia, la gente hablaba y decía que estaba embarazada de él.

Llegó mi madre enfurecida a buscarme. Mi padre se enteró de que ella estaba en camino para ir a buscarme. Me exigió que no me fuera y él salió huyendo.

Ese día, mi cuerpo entero temblaba de miedo. ¿Qué iba a hacer yo con una mujer furiosa que de por sí no me quería y ahora con esto, pues menos? Y yo tenía toda la razón en estar temblando, pues ella llegó con la policía disque para rescatarme, pero lo que en realidad buscaba era venganza. Ella me veía como una mujer. Así me lo gritó: "Una mujer que se había acostado con su esposo". Me gritó insultos que ni siquiera puedo escribirlos, pero aun así yo sí contemplaba la idea de irme con ella, hasta que dijo: "Cuando nazca tu bastardo se lo mandamos a tu tía a México". ¿¿¿ Qué??? Jamás iba yo a separarme de mi hijo. Nunca le haría lo que ella me hizo a mí, y desde ahí me negué, y le di todos los argumentos al policía para no irme con ella.

EL PLAN MACABRO

Mi padre había huido para no enfrentarse con la policía y aprovechó el viaje para llevar un cargamento de droga. Luego, me dijo "Para calmar a la loca de tu madre, la voy a llamar y la voy a amenazar con llevarla a la cárcel". Él la conocía muy bien y sabía perfectamente como manipularla, pues lo había hecho toda su vida. Así que la llamó y le dijo: "Para que no tengas que venir de tan lejos a hacer tu show, me voy a mover a Houston, a apenas unas cuadras de tu casa, y cuando nazca mi nieto, tú y yo vamos a ir al hospital a hacerle una prueba de paternidad, y seré yo quien te meta presa a ti por difamación. Estás loca. Además de alcohólica, loca, acusándome de tamaña barbarie".

En efecto, su táctica funcionó. Nos movimos a la ciudad de Houston, a apenas minutos de la casa de mi madre. Mi padre rentó un departamento y se fue a vivir con la misma mujer depravada por la que había dejado a mi madre antes de caer preso. Todo esto sucedió en cuestión de cinco días o menos. Esa mujer hacía brujería, hechicería, magia satánica. Con razón todo esto pasó así, pues son espíritus familiares que se conectan y operan de la misma manera. Pues bien, funcionó, y mi madre ya nunca más me buscaría. Ella estaba dolida conmigo y desde ese momento en adelante empezó la persecución hacia mi persona, pues ella me culpaba a mí de lo sucedido, me difamaba y ahora yo sería la culpable. Mi padre me dejó tirada en casa de otro hermano de él con quien yo jamás había convivido, apenas lo conocía. Mientras tanto, mi padre volvió a los negocios ilícitos. Él trataba con narcotraficantes de alto nivel y se drogaba prácticamente todos los días.

Mi padre me obligó a los nueve meses de embarazo a llevar droga en mi vientre para Atlanta, Georgia. En el camino, en el autobús, empecé con mi labor de parto. Llegué, entregué la droga que mi padre me había puesto amarrada a mi vientre y empezó mi labor de parto. Mi abuela estaría allá esperando. La idea era que mi hijo naciera en casa, porque en un hospital pondría a mi padre en riesgo, pero al complicarse el parto, mi abuela decidió que iríamos al hospital. Sin una identificación en mano y sin hablar una sola palabra en inglés, me atendieron. Ahora, Dios recompensaría tanto dolor, ya no estaría más sola, ahora tendría un acompañante de por vida. "Es una niña", dijo el doctor en español. Era la bebé más hermosa que yo había visto en toda mi vida. Me enamoré de ella. Fue amor a primera vista.

¿Cómo es posible que mi padre corriera con tanta suerte? ¿Cómo es posible que los doctores no reportaran el caso como sospechoso? Yo tenía apenas quince años, no tenía absolutamente a nadie, nadie que fuera a verme, no tenía una identificación. Me preguntaban quién era el papá de la bebé, "No sé", contestaba yo. ¿Quiénes son tus papás? "No sé". ¿Con quién vives? "Yo sola", etc., etc. Llegó el día de irnos a casa y yo no tenía ni siquiera un pañal para mi hija. Era navidad, estaba una helada afuera, un frío que quemaba los huesos y yo salí con apenas un suéter y la misma ropa que llevaba cuando ingresé. Dios siempre estuvo conmigo sin yo saberlo, pues mi hija encontró gracia en los ojos de las enfermeras y doctores y le trajeron regalitos.

Y con lo que me dieron en el hospital, llegué a casa para encontrar un departamento completamente vacío, mi abuela y su hijo habían viajado a Houston para celebrar la Navidad o dulce Navidad. Yo no llevaba dinero ni siquiera para pagarle al taxi. Él me pedía la cuota, yo en verdad no le entendía, pero asumía que quería dinero. Cuando vio que empecé a llorar, me dijo: "Merry Christmas" y se fue. En ese departamento frío como el hielo, nos acostamos mi niña y yo, en el piso, con una cobija. Lloré hasta que se me secaron las lágrimas y me quedé dormida. Yo no sabía cuidar a un bebé. Nadie me enseñó, le daba su leche fría así como me la dieron del hospital, no le cambiaba su pañal hasta que el pipí le pasaba su ropita, pues tenía miedo que se me terminaran y ya no tenía más.

SATANÁS ME PARALIZÓ MI PROPIA VOLUNTAD

Días después, llegó mi padre para cobrar el dinero de la droga y nos trajo con él a Houston, Texas. No tenía un porta bebé y viajamos en autobús dieciséis horas, yo cargando a mi hija a apenas días de nacida.

Sí, yo sé que al igual que yo, tú quieres dejar este libro tirado y ponerte a llorar. Realmente, sí fue muy triste, pero la victoria que mi Dios me daría después, sobrepasaría tanta tristeza. No dejes el libro aún, espera un poco y verás cómo mi Dios le aplasta la cabeza a mi adversario. A este punto, me dolía el alma como no tienes idea, pero mi espíritu de guerrera me decía "No te des por vencida. Seca esa lágrimas que tú vas a poder", y emprendí mi lucha para sobrevivir, mi hija era mi fortaleza.

Pues bien, llegaría la celebración de año nuevo y todos se reunirían en casa de un tío donde yo me estaba quedando. Había comida, mucho alcohol y droga. Todos reían y parecían muy felices y yo prendida en una tristeza que me mataba. Yo no lloro casi nunca. Desde niña aprendí a suprimir mis lágrimas, pero en ese tiempo ni siquiera podía contener mis lágrimas. Un amigo de la familia, un señor muy amable, pensó que yo lloraba por el novio mío. Se sentó y empezó a darme consejos y a decirme que todo iba estar bien. En eso, entró mi padre, lo vio y tomó un cuchillo e hizo como que me lo iba a incrustar. El señor muy tranquilo le dijo "¿Qué va a hacer? ¿Está usted loco?" Mi papá le contestó: "Estoy harto, apenas acaba de dar a luz y ya anda de prostituta, ahora contigo". El señor sacudió la cabeza y le dijo: "Estás muy mal".

Mi padre me dio una patada en el vientre y me tiró al piso. Oscar, se llamaba el señor, le dijo "Eso sí que no te lo voy a permitir, golpear a tu hija como si fuera un hombre. Eres tonto, es una niña". Mi papá sacó una pistola y le apuntó a él a la cabeza. Se armó el pánico, estaban ahí su esposa, sus hijos, muchos niños, y todo mundo gritaba asustado. Mi padre, entonces, me apuntó a la cabeza y me dijo "Voy a matarte". Le jaló el casquillo y yo perdí el sentido por el susto. Estaba completamente enloquecido.

Se le hizo costumbre, y desde entonces utilizaría el abuso físico para someterme. A partir de allí empezó el verdadero infierno en mi vida, pues mi padre me violaba una y otra vez. Cada día enloquecía más y cada día se ponía más violento. Cada día consumía más droga. Cada día se hacía más poderoso con el dinero del narcotráfico.

Desde ese momento empezó el abuso físico en extremo. Me sometió totalmente. Me amenazaba constantemente, que si yo le decía a alguien lo que estaba pasando, él me mataría. Me amenazaba con que si yo le decía a la policía me mataría, me decía que el saldría de la cárcel, pero yo del infierno, jamás.

Mi padre seguía su relación con aquella mujer para que nadie sospechara nada. En verdad, a este punto ya era algo diabólico, porque para qué quería abusarme si él tenía una mujer para satisfacer sus lujurias, además de muchas prostitutas, porque él frecuentaba cantinas, bares y lugares donde hay pornografía, etc., etc. Mi padre rentó un departamento en un edificio donde la mayoría de los departamentos estaban vacíos. Era un lugar de mala muerte donde indigentes se metían a drogarse, etc., etc. Pues, me llevó a vivir ahí para intensificar la agresión hacia mi persona física, verbal y sexual de las formas más perversas que ni siquiera mencionaré.

Mi padre me odiaba, me lo decía todos los días, pero yo no sabía por qué. En sus delirios de los efectos de la droga me mantenía despierta por horas y me decía cualquier tontería y esperaba que yo conversara con él. Era un completo sicópata que quería que yo contestara lo que él decía, ejemplo, me decía "Voy a comprar unos pantalones ¿Los compro negros o rojos?", y yo decía "Negros", entonces me golpeaba y me decía "Negros, no, rojos", etc., etc.

SATANÁS ME QUERÍA ENLOQUECER

En verdad, cuando yo digo enloquecer es literal, *"enloquecer"*. Yo continuaba trabajando porque la que pagaba por ese departamento era yo, la que pagaba por las cosas básicas de mi hija y mías era yo. Mi padre seguía viviendo una vida de apariencias. Él enloquecía y decía constantemente que él me veía teniendo relaciones sexuales con hombres y esto lo enloquecía y me golpeaba despiadadamente. Me acosaba en mi trabajo, un día fue por mí al trabajo con un tío, un hermano de él y me aga

> *A este punto, me dolía el alma como no tienes idea, pero mi espíritu de guerrera me decía* "No te des por vencida.

rró a patadas en el trabajo. Mi tío lo controló. Llegamos a casa de mi tío y él ya estaba actuando normal, de repente, nuevamente empezó y entonces le dije a mi tío frente a mi padre: "Tío, por favor, ayúdame, él me quiere como mujer, no como hija". Mi padre enloqueció, agarró un cuchillo y casi me logra atacar. Gracias a mi tío, que se lo logró quitar, no pudo agredirme. Obvio, mi padre lo negó, dijo que yo estaba desquiciada y otras cosas más.

Me fui a mi casa, pero yo sabía que él iría a cobrar venganza, así que me salí y me fui a casa de un familiar de la esposa de mi tío. Exactamente lo que temía, él rompió una ventana, entró y con un cuchillo, despedazó el colchón donde yo dormía, lo dejó hecho trizas. Después en el closet, mi ropa estaba hecha pedazos, un sillón completamente destrozado. Yo sabía que él me mataría en cualquier momento. Yo no le tenía pánico, le tenía terror, al punto que del susto me orinaba en mi ropa. Perdí mi identidad, no podía hablar, sabía que si hablaba, él me mataría. Estaba completamente convencida de ello.

Capítulo 5

UN GRITO DESESPERADO

Con la ilusión de poder ser libre de este infierno, créame que si el mismo enemigo me hubiera dicho "Dame tu alma y te saco de aquí", yo le hubiera dicho que sí. Así de desesperada estaba, temía por la vida de mi hija y por la mía. Era un verdadero infierno, mi pobre niña de apenas un año de edad ya sufría de convulsiones por el pánico que ella vivía.

Quiero que entiendas que el pánico te paraliza y pierdes tu propia identidad, pierdes tu dominio proprio. Cuando el pánico te controla, pierdes tu propia esencia, eres incapaz de pensar racionalmente. A esta etapa de mi vida, si me hubieran dado a elegir entre el pánico o la tristeza del alma, habría escogido mil veces la tristeza.

Mi padre en verdad intentaba matarme. Frecuentemente el departamento tenía orificios de balas por todos lados. Él me disparaba a distancias de medio metro. No me diga que usted no cree en los milagros, cuando recuerdo estos momentos, me doy cuenta de cómo Dios siempre me protegió con su sangre preciosa. No es posible que mi padre me disparara a matar a distancia de un metro o menos y errara la bala, esto es simplemente imposible. En ocasiones, en las madrugadas me decía "Voy a contar hasta diez. Corre porque cuando termine de contar, voy a disparar", y se soltaba riendo "Uno, dos, tres...". Yo tomaba a mi hija y corría semidesnuda con mi hija en brazos y le tapaba la boca para que ella no llorara y él no nos encontrara.

En mi desesperación, un día llamé a mi madre y le dije que me perdonara por no haberme ido con ella cuando fue por mí, que por favor me llevara con ella. En esos momentos, mi pobre madre estaba viviendo uno de sus momentos más obscuros también, al recurrir al ocultismo y el alcoholismo, porque le digo esto para que vea cómo el enemigo nos ata y entre más pecamos más profundo vamos cayendo. Mi madre me contestó "Los dolores que tuve cuando te tuve, ya se me quitaron. Ya no eres mi hija".

¡¡¡¿Cómo era posible que me estuviera rechazando una vez más?!!!! Me rechazó al nacer y me rechaza ahora, pues, ¿Qué clase de madre es?, me decía yo. Hoy en día, mi madre es una mujer que sirve a Dios y que ama a Dios con todo su ser.

2 Corintios 5:17

De modo que si alguno está en Cristo, nueva criatura es; las cosas viejas pasaron; he aquí todas son hechas nuevas.

INTENTO POR ESCAPAR

Estaba luchando buscando una luz de esperanza para poder escapar de tanto maltrato, simplemente estaba llegando a mis límites. Estoy omitiendo tanto detalle, tanta tortura, tanto tormento porque no quiero que sea un libro que te deprima, sino que mi intención es que al leer estas páginas, tu encuentres consuelo y esperanza, y que tengas la certeza de que si Dios me redimió a mí, que si Dios me reparó a mí cuando piezas de mí estaban rotas, perdidas, aparentemente irreparables, pero él lo hizo y también lo hará por ti.

Conocí a una persona en mi trabajo. Yo era mesera de un bufete de comida china y esta persona se percató que había cosas anormales en mi vida y me habló de una organización que es de protección al menor, CPS, por sus siglas en inglés. Me dio el número de teléfono de un detective que él mismo había contactado y me hizo una cita telefónica muy rápido porque mi papá se escondía para vigilarme y yo nunca sabía cuándo me vigilaba.

Se hizo la cita para un miércoles a las nueve y media de la mañana. Me dijeron que llevara a mi hija y así lo planifiqué, pero cuando ya me iba, llegó mi padre. Al verlo, me asombré. Me dijo: "¿A dónde vas? ¿Por qué no tienes el uniforme?" y me empezó a cuestionar. Me llené de pánico, pensé que me había descubierto. La pregunta aquí es ¿Cómo lo supo mi papá? Te recuerdas que te dije que él hacía magia negra para sus trabajos de negocio ilícito, pues estos espíritus son muy reales y tienen mucho poder. Es así como mi papá sabía las cosas. Si tu alguna vez has participado de lo oculto es muy importante que renuncies a ello ahora mismo. Como por ejemplo, horóscopos. ¿Alguna vez fuiste a que te hicieran limpias, que te leyeran la mano, a que te hicieran algún tipo de trabajo de magia negra, blanca, conjuros? ¿Jugaste la Ouija alguna vez?

Deuteronomio 18:9-12

⁹ Cuando entres a la tierra que Jehová tu Dios te da, no aprenderás a hacer según las abominaciones de aquellas naciones. ¹⁰ No sea hallado en ti quien haga pasar a su hijo o a su hija por el fuego, ni quien practique adivinación, ni agorero, ni sortílego, ni hechicero, ¹¹ ni encantador, ni adivino, ni mago, ni quien consulte a los muertos. ¹² Porque es abominación para con Jehová cualquiera que hace estas cosas, y por estas abominaciones Jehová tu Dios echa estas naciones de delante de ti. Reina-Valera 1960 (RVR1960)

Existen muchísimas Escrituras que nos hablan del peligro de practicar o haber practicado estas cosas. Cuando practicamos el ocultismo, nosotros le damos derechos legales a nuestro enemigo. Es decir, firmaste un contrato con él y esto trae maldición a tu vida y a la vida de tus hijos y nietos, y el enemigo se cobra muy caro. ¿Alguna vez has visto las caricaturas de Disney o las películas de Hollywood? Pues, parece que ellos han entendido muy bien cómo opera el reino de Satanás, que está muy bien orquestado, organizado. Recuerda, él te odia porque tú tienes lo que él no tiene, tú tienes la autoridad que Cristo te entregó. Tú eres hecho a la imagen y semejanza de Dios y por eso él te odia. Así que jamás pienses que él te va a hacer un favor, jamás. Él siempre va a engañarte para destruirte. ¿Alguna vez viste la película de la pequeña Sirenita, de Disney? Ariel se llama.

> *Estoy omitiendo tanto detalle, tanta tortura, tanto tormento porque no quiero que sea un libro que te deprima,* sino que mi intención es que al leer estas páginas, tu encuentres consuelo y esperanza, y que tengas la certeza de que si Dios me redimió a mí, que si Dios me reparó a mí cuando piezas de mí estaban rotas, perdidas, aparentemente irreparables, pero él lo hizo y también lo hará por ti.

¿Viste cómo Ariel, la hija del rey, tiene el deseo de conocer a los humanos y quiere ser un humano porque se enamora de un príncipe, Erik? Ahora, como el diablo, en este caso, Úrsula, la engaña y le hace firmar un documento legal y le dice "Bien, dame tu voz y yo te voy a dar tres días para que conquistes al Rey. Lo tienes que besar. Si lo besas antes que termine el tercer día, serás feliz para siempre, pero si no, serás mía". A ella le pareció que era fácil porque pensó que iba a conquistar al rey, pero cuál fue la sorpresa que el diablo en el camino le hizo trampa. Cuando su papá, el rey, viene a rescatarla y le exige al diablo que deje a su hija, el diablo le enseña lo que su hija firmó. Él, por amor, le dice: "No, no la atrapes en el infierno, yo me quedo en su lugar".

Esto describe a la exactitud lo que el ocultismo es. Tú firmas un documento que Dios no puede romper por ti, tienes que ser tú quien lo haga. Dios tampoco puede rescatarte ni a ti ni a tu familia hasta la tercera generación porque Dios respeta los acuerdos y Satanás también. Son leyes que no pueden ser violadas. Dios es un juez justo.

Primero, arrepiéntete. Pídele perdón a Dios por ti y por tus antepasados si es que ellos, tus papás o abuelos te ofrecieron a algún demonio. Haz la siguiente declaración:

"Señor Jesús, ahora vengo a tu presencia como tu hijo que soy a pedirte perdón por la abominación que cometí" (aquí dile lo que hiciste y por qué lo hiciste, por ignorancia o por rebelión, sabías que era malo y todavía lo hiciste). Entonces, dile también: "Pequé en contra de ti en rebelión. Perdóname, me arrepiento, ahora mismo yo renuncio a" (dile a que renuncias).

"Satanás, rompo todo pacto contigo. Ya confesé a mi Padre, ya me perdonó. Ahora rompo ese documento, esa atadura que me mantenía en acuerdos contigo, ya no te necesito más".

Ahora, ve y quema cualquier artículo que tengas en tu casa que pueda representar al ocultismo, como por ejemplo: Budas, calaveras, vírgenes, rosarios, cuáqueros, cosas, libros, inclusive música. El rock pesado, por ejemplo, te abre la puerta a lo oculto. Tira todo eso.

En el camino, que era como de diez minutos, me dice mi padre: "Tú me hiciste una trampa, algo planeaste, dime qué es ahora mismo porque aquí mismo te voy a matar". Sacó su pistola y me la puso en la cabeza una vez más. Pensé que moriría, pues creí que de alguna manera me había descubierto. Empecé a llorar desconsoladamente y a implorar por mi vida, todo esto frente a los ojos de mi pequeña Mayrita. Cómo me duele recordar su carita de pánico.

¿Entiendes el poder de la brujería? Pero gracias a Dios que tú ya eres libre de eso. Me mantuve firme en que no era ninguna trampa, que solo iba a una entrevista de trabajo. Cabe recalcar que a mi padre le gustaba abusar de mí sexualmente en mis momentos de mayor pánico. No importaba donde estuviera, me obligaba a decirle que lo amaba, muchas veces frente a mi hija.

Te repito: éste es el poder de la brujería y de Satanás. Solo quiero que pienses por un momento los daños que esto le ocasiona al alma, al espíritu y al cuerpo de un ser humano.

En fin, antes de llegar al lugar, se hizo a un lado del camino, me puso a manejar a mí mientras me apuntaba con una pistola. Dimos dos vueltas alrededor del lugar y me advirtió que si veía un solo carro de policía me iba a disparar frente a mi pequeña bebé. Yo estaba temblando descontroladamente, le suplicaba a Dios que no hubiera ningún policía y así fue, los detectives estaban vestidos de civil. Antes de terminar la última vuelta, me bajó del carro nuevamente, se puso el al volante y me gritó una vez más con palabras que ni siquiera me atrevo a escribir. Me advirtió: "Si veo un policía, te mato".

> **Solo quiero que pienses por un momento los daños que esto le ocasiona al alma,** al espíritu y al cuerpo de un ser humano.

Me bajé del auto. Sentí que esos treinta segundos eran como treinta horas. Mis pies casi se desmayaban al caminar. En la puerta me esperaba Paul, el detective. Él sabía que era yo por la ropa que llevaba, pues yo le dije que ropa llevaría. Dios una vez más enseña su poder frente al de Satanás, pues yo le había dicho al detective que llegaría en un carro verde del año 1970 que yo tenía, y el carro que mi papá manejaba era un Mercedes blanco o una Van Chevrolet; sin embargo, ese día llegó en un carro rojo. Si mi padre hubiera estado en su carro, los detectives hubieran salido a su encuentro y mi papá me hubiera disparado a matar. Pero, mi Dios cuidó hasta ese detalle.

En fin, estaban él, el detective, y dos policías más. Al verme, él me tomó del brazo y me preguntó "¿Él es tu papá?". "Sí", le dije. Dio la orden por el radio y salieron de inmediato a buscarlo, pero mi padre se dio a la fuga una vez más. ¿Entiendes el poder de Satanás cuando tú por elección propia le abres las puertas con el ocultismo? ¡Cómo es posible que se escapara con cinco carros de la policía, por lo menos, alrededor del restaurante cubriendo las dos entradas!

Llegué a la oficina de protección al menor. Empezaron a hacerme un interrogatorio que me fue exhausto, porque me preguntaron detalle por detalle toda la situación con mi papá y para mí hablar de eso me era muy vergonzoso. Yo sentía como que no me creían y más lloraba, más me desesperaba, porque me decía "Si estos no me creen ahora, si soy una muerta hoy mismo".

Pero esta historia es tan difícil de creer, que yo misma que la viví, ahora la estoy redactando y no puedo creer que haya sido yo quien viviera esa pesadilla, esa tortura, a tan temprana edad.

En la Oficina de Protección al Menor enviaban al joven o a la joven que querían proteger a lo que se llama un *"hogar temporal"*, donde lo acogía una familia que se le conocía como *"Foster Parents"*, en español sería *Padres de crianza* o *Papás a Fomentar.* La palabra "fomentar" es un verbo que significa "Favorecer". En este caso, favorecer o desarrollar de alguna manera una acción o aspecto positivo del niño a cargo de la familia. A mí, me mandaron a un *hogar temporal* con una familia hispana donde, increíblemente, la casa estaba ubicada a tan solo cuatro calles de la casa de uno de mis tíos que mi papá visitaba con mucha frecuencia. ¡Qué horror! ¡Qué broma del destino!

Pasados unos días, tal vez algunas semanas, el detective se comunicó conmigo y me dijo: "Encontré a tu madre. La fui a ver y le conté todo lo que te está pasando". Me alegre mucho, dije: "Ahora sí mi mamá me va a creer y me voy a vivir con ella, si es posible. ¡¡¡ Le voy a besar los pies todos los días!!!". "Tu madre está presa", me dijo el detective. "Y está acusada de maltrato infantil. Así que aunque saliera de la cárcel jamás podrías ir a vivir con ella, pero tu madre te quiere mucho, ¡¡ Lloró mucho cuando le hable de ti!!. Tal vez tus hermanos puedan cuidar de ti, pero en estos momentos, ellos también están peleando la custodia de tus hermanos menores. Vamos a seguir buscando hasta que aparezca un familiar con quien tú te puedas quedar". Me preguntó por los nombres de familiares que pudieran adoptarme. "Es que usted no entiende", le dije. "Si usted me deja salir, mi padre me matará. No quiero ir con nadie. ¡¡¡ Quiero ir presa, por favor !!!".

En USA, existe la Oficina de CPS, Chid Protective Service de sus siglas en inglés, o Servicios de Protección Infantil, en español. Aquí brindan protección a los niños que corren el riesgo de sufrir abuso físico, sexual o emocional, o negligencia emocional o física. La atención se centra en la seguridad del niño y el apoyo a los padres para fortalecer a las familias y promover hogares seguros para los niños[3].

---

[3] Información tomada de la página web de County of Santa Cruz Human Services

Este sistema de ayuda a niños abusados, CPS, dice que primero buscan a los papás del menor para brindarles ayuda, que se recuperen de sus adicciones, etc. Si ellos no califican, entonces tienen que buscar un familiar, y si algún familiar califica, tienen que dar al menor en adopción. Esa es la ley.

Al pasar los días, me dice: "Abelina, te tengo una gran noticia, encontramos a un familiar que está interesado en ti. Vamos a hacer los estudios correspondientes para ver si califica. Es un tío tuyo que al conocer lo que tu papá hacía contigo se indignó y quiere ayudar". Finalmente, una luz en el camino. Creí que era mi tío Tino, al final del día, él siempre se preocupó por mí y siempre me quiso ayudar. Él sospechaba lo que estaba pasando, pero yo nunca me atreví a confesarle toda la verdad por miedo. Solo llegué a decirle que mi papá estaba interesado en mí, pero nunca le dije lo que de verdad ocurría.

En fin, me dijo: "Te lo voy a poner al teléfono para que hables con él", se llama José Luis García. "¡Hum!", dije: "Yo no conozco a nadie con ese nombre". "Abelina, él no tiene antecedentes penales, es un medio hermano de tu papá y tal vez pueda ayudarte".

Lo puso al teléfono y al escuchar la voz me quise morir. Así es ese hombre, no era ni más ni menos que mi padre, él había sacado una licencia de manejar, una identificación en el estado de Texas con la ayuda de sus amigos, los narcos. Dije: "Soy mujer muerta". Hablé con él, no sé exactamente, de dos a

Department.

cinco minutos. Me preguntó por mi hija y me dijo lo asqueado que estaba de mi papá. Empecé a vomitar del susto. Yo creo que temblaba sin control. No le dije al detective quién era la persona, pues a este momento, creí que mi papá era la persona más poderosa del planeta y ahora él ya sabía dónde yo estaba. Seguramente nos sitió o sus amigos narcos le dijeron dónde yo estaba. Todas las noches siguientes no dormí, no comí, pensando en qué momento mi papá entraría por esa puerta disparando y matando a todos los que estaban ahí.

Pasaron los días y ya no volví a saber más de él, hasta que entró otra llamada. Esta vez era mi abuela paterna. Ella me dijo: "Vas a tener una cita con tu tío, ¿verdad?, para ver si te dejan salir. Ya le dijeron que estás en una casa en Galena Park". Era el lugar donde yo estaba, pensé "En efecto, mi padre sí sabe todo de mí".

Me dice: "Tu papá está en un hospital muy grave", y ella empezó a llorar. Continúa diciendo: "Ya no te preocupes por él. Ya no te va a hacer nada. Se dio un balazo en la cabeza por todas las mentiras que dijiste de él, y ahora no se puede morir, solo quiere verte antes de morir". No lo podía creer, pero a decir verdad, me alegré, porque pensé "Por fin, se acabaron mis pesadillas". Me dice: "Por favor, te ruego que vengas. En cuanto él te vea, él va a morir. En la esquina tal y tal hay una gasolinera, mañana a las once de la noche, te va a esperar tu primo Rana. De ahí, él te va a traer al hospital". Como una tonta, caí en la trampa. ¿Por qué? No lo sé, pienso que tal vez porque sabía que era mi padre y porque a pesar de todo, creía que le debía respeto.

Llegué al lugar. Me subí al carro, caminamos como tal vez diez minutos o menos. Cuando de la parte de atrás del carro salió mi papá. Al verlo, me quise morir, empecé a temblar sin control, pero para mi sorpresa, mi padre estaba de lo más tranquilo. Yo no pronuncie ni una sola palabra, estaba en shock, en verdad, estaba en shock.

Querido lector, quiero que sepas que tu agresor siempre va a saber cómo controlarte, y tú siempre te sentirás culpable porque piensas que es tu culpa, y esa no es la verdad, te lo dice una mujer restaurada. Tu verdadero enemigo y opresor es Satanás. Él siempre va a usar a las personas que están más cerca de ti, ya sea cerca a tu corazón o a poca distancia, en tu entorno inmediato, pero siempre serán personas que ejercen algún tipo de autoridad sobre tu vida.

Pon el libro a un lado y vamos a hablar tú y Dios. Tú ahora mismo no puedes ver, pensar o aceptar que te manipularon, pero viste que a mí sí ¿verdad? o ¿Tú crees que yo fui responsable o culpable de la forma perversa de proceder de mi papá? No, ¿verdad? Ahora yo también creo absolutamente que no; sin embargo, por muchos años no lo creí así.

Es lo mismo contigo. Satanás nunca cambia su táctica, solo cambia el nombre de las personas, la forma como se va desarrollando la historia, pero es

> **Tu agresor siempre va a saber cómo controlarte,** *y tú siempre te sentirás culpable porque piensas que es tu culpa, y esa no es la verdad, te lo dice una mujer restaurada.*

exactamente su misma táctica. Así que es hora de sanar esa herida. ¿Estás listo(a)?

Si alguna persona en tu vida te manipuló, te abusó, te hirió, vamos a hacer el siguiente ejercicio.

Ahora mismo, yo oré por ti para que el Santo Espíritu de Dios te revele a ti las áreas que te tienes que sanar, pero ahora, con tus propias palabras, tú dile al Santo Espíritu que te enseñe, que te muestre dónde necesitas estar sano. Tómate el tiempo que necesites, no es importante que pases a leer la otra página, es más importante que tú seas sano ahora mismo.

Repite: ESPÍRITU SANTO DE DIOS. HOY YO RENUNCIO AL ABUSO QUE ME HIZO (NOMBRE DEL ABUSADOR). RECONOZCO QUE FUE MALDAD Y PERVERSIÓN. RENUNCIO A LA MENTIRA DE SENTIRME CULPABLE. YO YA TE PEDÍ PERDÓN ANTES POR MIS PECADOS Y MIS FALTAS. AHORA TE PIDO QUE SELLES ESTA FALTA DE IDENTIDAD. AHORA TE PIDO QUE ME DEVUELVAS CADA PARTE DE MI ALMA QUE (NOMBRE DE LA PERSONA) ME ROBÓ. AHORA, LE ENTREGO CADA PARTE DE SU ALMA QUE ÉL DEJÓ EN MI. (NOMBRE DE LA PERSONA), YO TE PERDONO, TE SUELTO Y TE BENDIGO. NO ME DEBES NADA NI TE DEBO NADA. PERDONO

(REPITE CADA ACTO QUE TE HICIERON) Y HOY, ES-PÍRITU SANTO, LLÉNAME DE TU PERFUME, LLÉ-NAME DE LOS FRUTOS DE TU ESPÍRITU, QUE SON AMOR, GOZO, PAZ, PACIENCIA, BONDAD, BENIGNI-DAD, FE, TEMPLANZA, MANSEDUMBRE. (GÁLATAS 5:22)[4].

¡Yeee!, ahora celebra porque ¡¡¡eres libre!!!! Y cada vez que el enemigo quiera recordarte tu pasado, tu dolor, tu fracaso, repite esto:

Reconozco que estos pensamientos no vienen de mí, vienen de mi adversario. Por lo tanto, lo clavo en la cruz del Calvario a los pies de Cristo Jesús. Yo tengo la mente de Cristo y los pensamientos que yo produzco son los pensamientos de Dios.

Imprime estas escrituras y memorízalas.

2 Corintios 10:3

Pues aunque andamos en la carne, no militamos según la carne.

Porque aunque ando en la carne, Yo, (pon tu nombre aquí), no peleo según la carne; porque las armas de mi milicia no son carnales, sino poderosas en Dios para la destrucción de fortalezas, derribando argumentos y toda altivez que se levanta contra el conocimiento de Dios

---

[4] Gálatas 5:22-23 Mas el fruto del Espíritu es amor, gozo, paz, paciencia, benignidad, bondad, fe, [23] mansedumbre, templanza; contra tales cosas no hay ley. Reina-Valera 1960 (RVR1960).

LLEVANDO CAUTIVO TODO PENSAMIENTO A LA
OBEDIENCIA DE CRISTO.

Si tú alguna vez manipulaste a alguien o abusaste de
alguien en cualquiera de las formas de abuso, es
muy importante que le pidas perdón a Dios por ello,
y a la persona si esto es posible, y si te es posible y
puedes restaurar de alguna manera, hazlo. Es muy
común que las personas se hagan adictas a una relación tóxica y manipulen, mientan para que la otra
persona les corresponda en esa misma adicción. Pídele perdón a Dios y renuncia a eso también ahora
mismo. No pases a la siguiente página, es importante que hagas esto. Dios ya perdonó tus pecados
cuando recibiste a Cristo en tu corazón, pero ahora
es importante que rompas esos contratos, esos pac-
tos que hiciste con el enemigo.

Capítulo 6

TU ENEMIGO NO SE DARÁ NUNCA POR VENCIDO

Cuando el primo nos dejó en un estacionamiento, me dijo mi papá: "Súbete, quiero hablar contigo", pero estaba de lo más cariñoso con mi niña, Cripy, ¡¡¡verdad!!! En fin, le pregunté dónde estaba el balazo. Me dijo "Aquí, en mi vientre". Me dijo "Ahora tenemos que huir de aquí porque tú te escapaste de una agencia de gobierno y si te cachan te van a quitar a la niña y te van a poner presa". "¿¿Qué??". Eso sí que sería el colmo, pero le creí. Una vez más caí en su trampa. Me pidió perdón, me dijo que ahora reconocía todo el mal que me había hecho porque el detective se lo hizo saber. Me dijo que todo fue por culpa de las drogas, pero que jamás las volvería a consumir.

Entonces, me dijo que me iba a sacar una nueva identidad y que ¡¡¡me casara con él!!! Así es. Esto es el colmo de la maldad. Esto es lo que pasa cuando tú pecas, vas cayendo, te vas degenerando y todos lo pueden ver menos tú. Esto ya son niveles nuevos de caer en las garras de Satanás, son nuevos contratos que firmas con el enemigo. Yo me dije en silencio: "Ahora sí que se volvió loco ¡¡ Jamás me casaré con él!!" Así partimos hacia la ciudad de Waco, Texas, donde unos familiares y amigos lo estarían esperando, pues ya tenía todo planificado.

Ahí me sentí más segura porque estábamos en la casa de un familiar. En un pequeño descuido me dejaron sola en casa y yo misma llamé a la policía, pedí que me atendiera alguien en español y expliqué la situación. Les dije que el detective Paul de Houston podría darles todos mis datos. Me dijeron que no me moviera de ahí, que esperara que llegaran los detectives por mí.

A este tiempo, mi padre ya no estaba drogado, al menos no lo creo. Él había salido de la casa, pero en cuanto llegó, dijo: "Tenemos que salir de aquí, tengo un presentimiento que no me gusta nada". ¿¿¿¿¿Qué????? Decía yo "Pero cómo es posible que él tenga poderes sobrenaturales, me dio miedo porque pensé que tal vez el sabría que yo había llamado a la policía, pero él estaba cambiado, estaba distinto, estaba cariñoso y ya no me trataba como hija; es más, me cambió el nombre y ahora me llamaría como otra de mis hermanas, Verónica. Me pregunto qué tiene que ver el nombre de mi hermana en conexión con la perversidad de mi papá. O sea, se auto engañó para él ya no sentirse culpable. Decía que yo ya no era su hija, que ahora era su esposa, pero me seguía llamando como una de sus hijas. Esto es perverso.

Estuvimos un tiempo escondiéndonos de hotel en hotel, y en ese período concebí a quien sería mi segunda hijita. Era asquerosamente torturante, porque mi bebé siempre estaba presente y observaba.

Yo buscaba el momento preciso, un descuido de él para llamar a la policía y poder escapar. Ahora en camino, en carretera, porque escaparíamos a otro Estado, pero pasaríamos por Houston a recoger dinero, su pistola y sus pertenencias de valor, él tenía varias prendas de oro. Me dije "Esta es mi última oportunidad. Así que me bajé en un Wall-Mart y llamé a Paul, el detective de Houston. Por fortuna me aprendí su teléfono de memoria, le dije el plan de mi papá, me dijo "Escóndete, pero no en el baño. Quiero que te vayas hasta la parte de atrás de la tienda y esperes hasta que la policía llegue por ti. Espera en el departamento de manualidades, ahí nunca te buscará", y así lo hice. Llegó la policía por mí, salimos por la parte trasera y empecé mi nuevo viaje. Finalmente, sería libre.

EL ARMA QUE UTILIZARÍA MI MADRE PARA HERIRME

Llegamos a la CPS. Nuevamente el mismo proceso. Tuvimos que esperar todo un día, se me asignó un trabajador social. Ahora había que buscar una casa temporal de una familia que quisiera hospedarme, pero CPS está obligado a darle a la familia los antecedentes del menor y es obvio que nadie quería a una adolescente con una hija y un papá sicópata. Finalmente, encontraron a una familia que dijo que me podía recibir solo por esa noche. Llegamos ya de noche y me dijeron "Aquí vas a dormir, mañana buscamos otra casa para ti". Pues, llegó mañana, otro día, una semana y otras dos semanas y no conseguían a nadie. La señora de la casa les decía "Por favor, yo no la quiero aquí, es muy peligroso para nosotros", porque ella tenía dos hijas biológicas, dos del sistema como yo, su esposo y ella. Era una casa súper sucia en las orillas en una provincia.

La señora trabajaba todo el día, llegaba a las siete de la noche. No era hispana y hablaba poco español. Su esposo, un americano ya grande de edad, creo que tenía aproximadamente setenta años, se dedicaba a recoger basura y vendía el aluminio. Por eso su casa era tan sucia, porque tenía basura por todos lados. Los niños iban a la escuela y yo me quedaba sola con mi hija hasta las tres de la tarde que llegaban las otras niñas, pero nadie hablaba español y yo no hablaba inglés. Así que me dedicaba a limpiar la casa como si fuese una sirvienta y hacía comida con las latas que encontraba.

Cada día que esta señora llegaba a casa me preguntaba "Ya te llamó tu trabajadora social. ¿Cuándo te van a sacar de aquí? No es bueno que estés aquí sola, pero estoy muy agradecida contigo, no tienes que limpiar, pero tengo que reconocer que me gusta mucho llegar y encontrar la casa en orden". Ni siquiera había televisión en español, era un verdadero aburrimiento.

Llegó el día de ir a la Oficina de CPS para un chequeo médico de rutina y una evaluación sicológica. Entró un doctor con una enfermera, mi trabajadora social y la sicóloga.

ME SUELTAN UNA BOMBA Y OTRA LANZA DEL ENEMIGO

Tú, querido lector, creo que a estas alturas ya somos amigos ¿verdad? Así que de ahora en adelante te diré amigo(a), te dirás "Pero ya basta, qué más sucedió, ya dinos en qué termina la historia, lo que yo quiero saber es cómo te convertiste en esa mujer de éxito que eres hoy". Créeme que estoy igual que tú, ya quiero dejar de escribir.

Me dicen: ¡¡¡¡¡ Estás embarazada!!!!! ¿¿¿¿ Qué?????, dije yo, "No puede ser que yo tenga tan mala suerte, ya solo falta que pase un perro y me orine, que pase un pájaro y me suelte su regalo. No es posible". Lloré y lloré. Me dice el doctor "No te preocupes. Sabíamos que esto podía pasar, por eso está aquí tu terapista y tu trabajadora social, porque eres menor de edad y no hay ningún adulto que autorice por ti, pero ya arreglamos todas las legalidades y ¡vamos a realizarte un aborto!" "¿Un qué?", dije. "Un aborto", me dijeron. "Eso jamás lo voy a hacer". "¿¿Qué??", se regresaron a ver. "Es que ¡¡¡ tienes que hacerlo!!!". "No, no lo voy a hacer".

En el pasado, y cuando digo pasado estoy hablado de tres meses atrás en ese momento, mi padre me había obligado a través de una bruja a tener dos abortos. En esa ocasión, me llevó con él a ver esta bruja que el consultaba para sus trabajos ilícitos, y ella le dijo "¿Ella es tu novia o tu esposa?". Mi padre le dijo "Novia". Yo dije entre mí "No que muy buena, ni siquiera sabe que soy su hija. Es una tonta". Ella me echó las cartas y para decir verdad, ni me acuerdo que tanta tontería dijo, porque yo no le presté atención. Ella me dijo: "Estás embarazada y estás esperando un varón". Yo creí que estaba loca. "Pero no te preocupes, yo también tengo la solución", le dijo a mi padre y le vendió dos pastillas en extremo pequeñas. Las instrucciones eran: "Te tomas una y te pones una". Nos fuimos a casa y para que mi papá no dijera nada, lo hice, pero pensando que era mentira. No pasó ni una hora cuando empecé a sangrar en exageración y me empezaron a dar contracciones como de parto.

Como pocas veces en vida lo hice, en esta ocasión le pedí a Dios que por favor salvara la vida de mi hijo, pues para mí esto era un asesinato. Sin embargo, Dios no me escuchó y mi bebé saldría y se iría por el escusado. ¡Qué dolor más grande atravesó mi alma! Yo pensaba que ahora yo era mucho peor que mi papá, pues él todavía no había matado a nadie y ¡¡¡yo sí maté a un bebé, a mi bebé!!! Ten en cuenta que por el abandono de mis padres en mi niñez, yo siempre crecí con una empatía y un amor muy grande hacia los niños.

Un mes más tarde, se repite la situación, estaba embarazada nuevamente. El doctor te recomienda que cuando tienes un aborto, tienes que guardar cuarenta días antes de que puedas estar activa sexualmente. Pues, en mi caso no había tal cosa, y en un mes más, estaría embarazada de nueva cuenta, de mi tercer embarazo. Mi padre ya sabía la solución y volvió con la misma bruja y se repitió la hazaña. Esto dañaría para siempre mi espíritu y mi alma, pues yo estaría firmando un acuerdo nuevo con Satanás.

Quiero que te quede muy claro querido amigo(a) que un aborto, sin importar a cuantas semanas fue, es un asesinato a una persona indefensa, y Dios dice que no dará por inocente al culpable. Dios quiere bendecirte y bendecir tu vida, pero si no hay arrepentimiento en esta área, tú estás bajo maldición por parte de Dios, no del enemigo, pero de Dios, porque la sangre de tu hijo le clama a Dios por justicia.

Génesis 4:10

Y Dios le dijo: ¿Qué has hecho? La voz de la sangre de tu hermano clama a mí desde la tierra.

Dios conoce las circunstancias y tu corazón, pero es muy importante que tú reconozcas que lo que hiciste fue un asesinato. Pídele ahora mismo al Espíritu de Dios que te revele, que te dé convicción para que tú de verdad te arrepientas y pidas perdón. No digo que sientas culpa, dije que te arrepientas. Pídele perdón a tu hijo, pídele perdón a tu vientre y si puedes hacer un memorial, un recordatorio para tu hijo, hazlo. Cuando tú llegues al cielo, tú vas a ver a tu niño o niña. Él sí existe, él solo no vive aquí en la tierra, pero al fin y al cabo, nuestro paso por la tierra es temporal, somos peregrinos, nuestra verdadera casa está en la eternidad y la eternidad es mayor que los años que vayas a vivir aquí en la tierra.

> *Quiero que te quede muy claro querido amigo(a) que un aborto,* sin importar a cuantas semanas fue, es un asesinato a una persona indefensa, y Dios dice que no dará por inocente al culpable.

Fue tanto el daño que esto causó a mi vida, que yo tuve que tomar terapia sobre este tema. Tomé un retiro que se llama *"Post aborto"* de tres días, donde me ayudó a sanar y a reconocer mi maldad.

Tú dirás "Pero tú fuiste víctima ¡¡ tu papá te obligo!! Yo seguía teniendo libre albedrío y pude haber dicho que no, y si me mataba, pues que así hubiera sido, pero no tuve que ceder, yo fui su cómplice en esto. Ahora, ya no siento más culpa porque ya confesé, ya le pedí perdón a Dios, ya renuncié a ese contrato que firmé con el enemigo y ahora ya soy libre, sin culpa.

Vuelvo a repetirte: una cosa es que Dios te perdone y otra cosa muy distinta son las consecuencias del pecado. Te daré un ejemplo más claro: Tú estás casada y ahora tienes una relación extramarital. Le fuiste infiel a tu esposo y tú quedas embarazada de tu amante. Tú le pides perdón a Dios, le pides perdón a tu esposo y los dos te han perdonado. Sin embargo, tuviste un hijo, esa es la consecuencia. Tu amante tiene todo el derecho legal de llevarte a corte y exigirte que lo dejes convivir con su hijo, porque es de él. Ahora tu hijo tendrá una relación con su padre biológico. Sus otros hermanos serán sus medio hermanos y tu esposo será el padrastro. ¿Me explico? Eso mismo pasa cuando violamos las leyes de Dios y caemos en pecado.

Éste traerá consecuencias y Dios, aunque quiera, no puede bendecirte, porque sus manos están atadas. Cada vez que él quiera bendecirte, el enemigo le dirá "Hum, con permiso, no puedes porque tengo este documento legal que él firmó conmigo, cuando muera es tuyo, pero aquí en la tierra no alcanzará su propósito por ese contrato".

ASÍ QUE ¡ANDA! VAMOS, RÓMPELO AHORA MISMO

Señor Jesús reconozco mi maldad frente a tu trono. Me arrepiento profundamente. Yo maté a mi hijo o hijos y te pido perdón por ello. Gracias Jeshua Jesús por haber muerto por mí en esa cruz pagando el precio de mi asesinato. Yo recibo ese regalo inmerecido. Hijo(s) les pido perdón por haberles quitado la vida, actué en ceguera e ignorancia. La verdad es que sí los amo, la verdad es que un día voy a verte, voy a abrazarte y voy a tener la oportunidad de crecerte junto a Jeshua Jesús.

Diablo, rompo todo pacto que hice contigo y con tus demonios. Rompo ese acuerdo que pacté con la sangre de mi hijo(s). De ahora en adelante no tienes parte ni suerte en mi vida ni en la vida de mis hijos. Tú jamás vas a tocar a mis generaciones. Ningún hijo mío va a atentar contra su propia sangre por mi acuerdo contigo, porque desde ahora está roto. Yo sello ahora mi vientre con la sangre del Cordero, el Hijo de Dios y me declaro libre de ti y de tus mentiras por el poder de la sangre.

Esta vez dije que no. ¡¡¡ Tuve el valor de decir "no"!!!! Me trataron de convencer. El doctor me dijo suavemente: "Abelina, no te va a doler. Solo tienes X semanas (la verdad no me recuerdo cuántas), te vamos a poner a dormir". Ellos no entendían que yo no iba a abortar porque tenía miedo a una aguja, yo no la haría porque quería salvar la vida de mi hija. Les expliqué esto y me dijo la trabajadora social: "Mira niña, estoy teniendo tantos problemas para encontrar una casa para ti ahora, así que imagínate quién va a querer a una adolescente embarazada y con una hija.

Prácticamente estás haciendo imposible que yo te pueda ayudar. Tienes que ir a la escuela y perdimos tiempo porque no encuentro hogar. Vamos doctor, hágalo". "NO. NO LO VOY A HACER", volví a decir. Entonces el doctor me explicó y me dijo: "Mira, Abelina, en un ser humano, el papá aporta el 50% de los cromosomas y la mamá el otro 50%.

En este caso, tú tienes los de tu papá, es decir, tu hijo tendría una mal formación severa y tu hijo jamás va a poder hablar, caminar o escuchar, estará en una cama postrado por el resto de su vida como un vegetal ¿Quieres esto para tu hijo? Si en verdad lo quieres, hazle un favor y no lo tengas. Ahora mismo solo es una bola de sangre".

Me convenció por un instante y les dije "Está bien, pero primero quiero ver a un sacerdote para confesarme". ¿Hasta dónde puede llegar la ignorancia de un ser humano, verdad? O sea, voy a ir a decirle "Perdóname mi pecado, voy a matar a alguien", es como que dijera yo a un juez "Señor Juez ¿cuál es la sentencia de cárcel por asesinar a otro ser humano? Ah, muy bien, pues presento mi defensa ahora mismo porque voy a matar a sangre fría a un niño que además es mi hijo".

En fin, me llevaron a la iglesia. Te recuerdo que solo tenía quince años. El sacerdote nunca salía y yo estaba súper nerviosa. Me pasaron a una sala de espera y me dijeron que el diácono me iba a atender. Cuando llegó él, le dije: "Por favor, necesito ver al cura. Usted no tiene la autoridad de perdonar un pecado tan grande como el que voy a confesar". Y éste ni siquiera me miraba, pero sí le hablaba a mi niña, jugaba con ella. "El sacerdote no va a venir", me dice, "Pero yo puedo confesarte".

Pues bien, entonces esperé a hablar sin más ni más, y le dije lo que dijo el doctor. Satanás tenía un plan para mi hija, pero Dios protegería su vida usando la boca de este hombre. Él me preguntó "¿Tu papá es el papá de esta niña también? Me quedé pensando y le dije "Sí", y Él le seguía diciendo cuán hermosa era, cuan bella y hablaba palabra de vida a mi hija, que se me hacía un gesto muy bello, pero yo decía "Yo aquí con mi preocupación y éste tan tranquilo, ¿qué le pasa?, seguro me va a decir que no me perdona ese pecado". Entonces me dice: "Y tu hija ¿acaso es un vegetal? Mírala qué hermosa es, ni los doctores ni la ciencia tienen la última palabra, solo Dios".

Concluyó diciendo: "Si es la voluntad de Dios que tu hijo nazca como vegetal, es su voluntad, pero nadie tiene el derecho de quitarle la vida solo porque es vegetal". Y cuánta razón tenía aquel diácono, ¡Que Dios bendiga su boca! dondequiera que él esté ahora. Así que tomé a mi hija, salí de ahí y les dije: "Yo no voy a abortar a mi hijo". "Pues bien, Abelina, entonces la otra opción es darlo en adopción". ¡Qué horror! ¿Por qué todos quieren y se empeñan en que yo me deshaga de mis hijos? Absolutamente que no, eso tampoco era una opción para mí. Jamás le haría a uno de mis hijos lo que me hicieron a mí.

EL DIABLO NO DARÍA SU BRAZO A TORCER

Transcurrieron las semanas y cada vez que yo me reunía o con mi trabajadora social o con mi Terapista, siempre me sugerían el aborto, hasta que un día me dijeron "Solo tenemos una semana más para poder realizarte el aborto, sino ya no podremos, ya no sería legal". Yo continué firme en mi posición "No voy a matar a mi hija". ¡Qué valiente fui! Por primera vez en tantos años fui valiente. ¡Wow! hasta me sorprendía yo misma. Pues bien, ahora que ya no me podían hacer el aborto, ahora me persuadían para que diera en adopción a mi hija. "¡Ay, Dios mío! ¡Qué tormento! pero hasta cuando me dejaran en paz", y la señora de la casa me dijo "Hija, lo siento mucho, pero aquí ya no te vas a poder quedar. Mañana hablo con tu trabajadora. Es mucha responsabilidad cuidarte así embarazada.

Mi esposo no tiene tiempo de llevarte a todos los chequeos que te piden y a tus terapias y tú necesitas eso para poder superarte, además la escuela, tienes que estudiar".

> *"Si es la voluntad de Dios que tu hijo nazca como vegetal, es su voluntad, pero nadie tiene el derecho de quitarle la vida solo porque es vegetal".*

Yo me sentí rechazada y dije "Ahora por qué no me quiere si nunca la molesto, le limpio, le hago de comer, ¿qué pasa?". Al hablar con mi trabajadora, me dijo "Abelina, ya vez qué difícil es que tu estés embarazada. Prácticamente me has atado las manos y no puedo hacer mucho por ti. Vamos a llenar los documentos para dar tu bebé en adopción en cuanto nazca. Así solo te quedas con tu hija y será un poco más fácil".

¡Qué no entienden! decía yo. "Yo no necesito nada de lo que ellos me dicen. Lo único que necesito es que me dejen trabajar por un mes y guardo ese dinero para rentarme un cuarto y yo trabajo y sola puedo pagar todo. Si siempre lo he hecho así". Yo pagaba mis gastos, como renta, luz, comida y el cuidado de mi hija. Ganaba justo lo indispensable, solo para sobrevivir, pero me alcanzaba. Solo que para ellos era ilegal que yo con quince años trabajara, simplemente no era una opción".

Capítulo 7

ATRAPADA Y SIN SALIDA

Así que dije "Muy bien, mi bebé está lo suficientemente grande. Mi padre ya no lo puede matar, y yo jamás me voy a separar de mis hijos". Sí, adivinaste. Llamé a mi papá, le dije dónde estaba, le leí la dirección y él me mandaría un taxi a ese lugar remoto. Yo le dije a la hora en que estaba completamente sola y escaparía.

No tenía salida, no había alternativa. Así que salimos huyendo a la ciudad de Garland, Texas. Ahora con un nombre nuevo, una identidad nueva, él me presenta como su esposa. ¡Qué asco! pero ésta era mi única salida, así que perdí toda esperanza. Dije "Éste es mi destino, ésta es mi nueva vida, ésta soy yo". Una sola cosa sí era verdad, que yo amaba a mis hijas con todo mi ser y siempre las iba a proteger hasta con mi propia vida.

Mi padre insistía en la gran aberración de que me casara con él por la iglesia, vestida de blanco. Será por eso que jamás quise llevar velo el día que me casé con mi esposo, Jesús Puntos. Absolutamente que no, siempre me negué y siempre contemplé la idea de un día poder ser libres, mis hijas y yo.

La vida siguió su curso y en mi vida nada cambiaba. Yo seguiría trabajando para sostener a mis hijas y a mi padre, porque él lo poco que ganaba lo gastaba en droga, cocaína, para ser exactos. La policía mexicana había capturado al capo más buscado y, por lo tanto, el negocio de la droga cesó por un tiempo para mi padre. Por eso, ahora él tenía que costear su vicio.

Casi dos largos e interminables años transcurrieron entre golpes, gritos, insultos, maltrato en todos los aspectos. Mi abuela paterna, la madre de mi papá, se movió a vivir con nosotros a petición mía, pues le dije que ya no soportaba más los golpes físicos de mi padre. Ahora ella intentaría calmarlo un poco. Ella cuidaba mis hijas mientras yo trabajaba.

UNA NUEVA FORMA DE ABUSO Y MANIPULACIÓN

Quiero que veas el modus operando de un agresor y cómo va ascendiendo. Por favor, busca ayuda, te lo ruego. No dejes que te hundan más abajo. Si tú eres una persona que estas siendo manipulada, agredida, sal corriendo. Ese agresor no va a cambiar, solo se va a hacer más grande. Sal a pedir ayuda antes que sea demasiado tarde.

La primera táctica de mi padre para controlarme y yo no me fuera fue "Si te vas, me mato".

La segunda táctica fue "Te someto a golpes. Voy a torturarte hasta acabar con tu voluntad y que dejes de ser un ser humano para que seas una marioneta y el miedo te traicione".

Cuando ya ninguna de estas formas funcionó, porque si me decía que se iba a matar, yo le decía "Perfecto, hágalo, aquí está la pistola". "Te mato". "Perfecto, hágalo, máteme de una vez, ya no me importa nada".

Así que ¡¡¡ahora usaría la más baja y cruel de todas!!! A este momento yo ya vivía bajo una identidad nueva, alejada de todo y de todos los que algún día pudieron saber mi nombre. Quiero que sepas que lo que me daba alegría y llenaba mi alma de esperanza era cada vez que aquí en mi nueva vida e identidad yo llamaba a mi abuelita en México y hablaba con ella por escasos minutos. Ella al igual que yo, también hablaba conmigo a escondidas de sus hijos, porque si ellos se enteraban, seguro se irían de la casa. Así me lo decía ella, pero me decía "Hija, no me importa, ¡¡¡ con escuchar tu voz me conformo!!! Tú no sabes lo que esto era para mí. Era bálsamo a mis heridas. Y sus oraciones, ¡Oh Dios! ¡Gracias por las oraciones de mi Juanita! Estoy segura que eso fue lo que me mantuvo en vida. Cabe reiterar que solo hablé con ella un par de veces, nada más dos, para ser exactos.

Cuál sería la nueva forma de controlarme de mi padre: "Mato a tus hijas frente a tus ojos, para verte tu cara" ¡Jajá!, se reía. "Después te mato a ti y me mato yo, porque yo una cárcel jamás volveré a pisar, prefiero morir".

Creo que la angustia mayor que viví en toda mi vida fue un día que se subió al techo del pequeño dúplex donde vivimos y se paraba tambaleando de ebrio con mi niña de meses en brazos y me decía que la iba a aventar abajo. Me pidió que me arrodillara y que le jurara que jamás me iba a ir. Esto sí que era Satanás personificado.

Cuando mi abuela vivió con nosotros, encontré un poco de paz mental, porque a ella sí le obedecía un poco, aunque a la pobre también le tocó vivir mil y una angustias.

Pero es importante que veas la mente depravada de una persona por el poder del pecado. Una persona normal, sana de su espíritu, jamás estaría de acuerdo con que su hijo viva en incesto y abuse de esa manera de su propia hija.

¡Aaaaaaah!, pero sí, aquí vendría el colmo de los colmos, porque ahora mi abuela y mi padre se inventaron que lo más probable es que yo no era su hija, porque mi madre le había sido infiel. Por supuesto que yo esto jamás lo creí y aunque vivía en una total opresión, jamás perdí mi inteligencia y sabía que esto solo lo inventaron para intentar detenerme, porque yo le dije a mi abuela que estaba ahorrando dinero para escapar, y ella decía que jamás podía ver sufrir a su hijo. Hasta que un día, al ella ver la forma como mi padre se transformó y empezó a abusar de mí de una manera asquerosa, que ni siquiera voy a dar los detalles, la lucha fue intensa, muy intensa, y mi abuela resultó golpeada por él. Fue ahí donde dijo "Vete. Yo te voy a ayudar porque no quiero volver a ver a mi hijo preso. Sé que sí te va a matar y yo no puedo cuidarte las veinticuatro horas".

Para mi padre no había satisfacción a la hora de someterme a sus torturas. Una sola cosa era verdad: que me mataría, pero él me quería ver sufrir y pensaba que con un arma blanca yo no sufriría lo suficiente; con una pistola, mi muerte sería

> *Si tú eres una persona que estas siendo manipulada, agredida, sal corriendo. Ese agresor no va a cambiar, solo se va a hacer más grande. Sal a pedir ayuda antes que sea demasiado tarde.*

demasiado rápida; ahogada, tampoco; estrangulada, muy rápido. Así que el diablo le diría como hacerlo, porque se quedó caído por unos segundos hasta que dijo: "Sí, así te voy a matar.

Ya sé cómo y no voy a descansar hasta matarte", y me decía las palabras más obscenas que puedas pensar. Así que él mismo haría una lanza puntiaguda y con ella me mataría, pero además él tenía que tener el momento preciso y con eso me torturaba. "A las niñas sí las voy a matar de un balazo en la cabeza para que no sufran, porque ellas sí son mis hijas y las voy a matar por tu culpa, y al verlas muertas, me voy a llenar de rabia y eso me va a llevar a matarte como la @#$%^& que eres. Voy a esparcir tu cuerpo para que ni siquiera te puedan encontrar ni enterrar, pero serán los zopilotes y los perros los que te traguen, y al final, me voy a matar yo". ¡¡ Esto era algo muy satánico !!

Ahora sí yo estaba muy segura que ese día estaba muy próximo a llegar. Así que, angustiada, me apresuraba a ahorrar cada centavo que podía. Compraba boletos de lotería y para mi fortuna, gané mil dólares, pero él me los robó. En fin, ya tenía una pequeña bolsa preparada con una muda de ropa para mis niñas y yo, sus actas de nacimiento y la mía y en cuanto juntara dos mil dólares, yo me iría.

FINALMENTE CLAMÉ A DIOS
Y ÉL ME CONTESTÓ

El día llegó. Mi padre llegó de la calle y me dijo una obscenidad. Yo le contesté y esto encendió su furia. Salió al carro a buscar su lanza porque ahí la guardaba y me dijo: "Hasta aquí llegaste. Finalmente voy a acabar contigo". Ahora sí, yo sabía porque sabía que ese día yo iba a morir. Así que me dije: "Esta vez no voy a morir como una cobarde, voy a morir peleando por mi vida". Así que dije "Si entra por una ventana, yo saldré por la otra, y si entra por la otra, pues me da tiempo de salir por la puerta". Yo estaba muy alerta a escuchar cualquier sonido, pero todo estaba en silencio total. Así que muy despacio me acerqué a una ventana para ver si podía ver dónde estaba. Él estaba justo en esa ventana, rompió el vidrio con la fuerza de sus brazos y me agarró del pelo intentando meterme en los vidrios, la sangre empezó a correr por todos lados, me haría varias heridas con los vidrios, pero él se llevó la peor parte. Después de forcejear por mucho rato, yo logré zafarme de él y esta vez haría algo que ¡¡¡¡¡ jamás había hecho antes !!!!!

Caí de rodillas y grité desde lo más profundo de mi ser: "Dios, perdóname, por favor, perdóname, sé que existes y que eres real, ¡¡¡¡ayúdameeeeeeeee!!!!! Tú sabes, tú me conoces bien, que yo no elegí esto para mí ¡¡¡ ayúdame!!!

Jeremías 33:3

Clama a mí, y yo te responderé, y te enseñaré cosas grandes y ocultas que tú no conoces...

Algo sucedió en ese mismo instante. La Gloria de Dios se derramaría en ese lugar y una paz invadió todo mi ser. Mi cuerpo experimentó algo que jamás había sentido antes. Tomé la bolsita que ya tenía preparada, tomé a mis hijas y me encamine hacia la puerta llena de esa paz que no puedo explicarte. Me sentí libre. Al salir, creo yo que el mismo Jesús observaba lo que yo iba a hacer y de ahí partiría lo que Él iba a hacer conmigo.

A estas alturas, yo también tenía un enorme desprecio hacia mi padre, asco y todos los sentimientos negativos. Muchas veces contemplé la idea de matarlo. Si no lo hice fue porque siempre pensaba "Es mi papá, esto me llevaría derechito al infierno, y a mis hijas quién las va a cuidar, porque yo voy a ir presa", y esto me detenía. Pero, al salir y verlo lastimado en el piso sin poder levantarse, lo vi con desprecio y dije "Que se muera". Subí a mis hijas al auto y estaba lista para partir sin rumbo fijo, solo iba a agarrar un camino y donde se acabara, pues ahí sería mi nuevo hogar, lejos de este monstruo, y yo cuidaría y amaría a mis hijas hasta mi último respiro. A ellas jamás nadie les haría daño, porque yo las cuidaría con el alma y la vida.

Pero algo me dijo "No puedes hacer eso, tú no eres como él. Así que bajé del auto, lo ayudé, lo subí al auto y lo llevé al hospital más cercano que estaba a tan solo dos minutos. Lo dejaría ahí y seguiría mi camino. Durante el camino, él seguía blasfemando, llenando de su sangre a las niñas, diciendo cualquier tontería. Al llegar al hospital, las niñas y yo parecíamos sacadas de una escena de terror, llenas de sangre de él porque él les aventaba sangre a ellas, una solo tenía tres añitos y la otra, uno.

NADIE PUEDE CONTRA EL GRAN YO SOY

Al llegar al hospital, para mi sorpresa, él se registró con su verdadero nombre, y cuando le preguntaron "¿Qué te pasó?" Él dijo toda la verdad "Intenté matar a esta @#$%^&*&^, no lo logré ahorita, pero voy a matarla, lo juro que la mataré, lo juro por mi vida", y me rociaba más sangre y hacía el simulacro que me mordería. Yo seguía envuelta en un éxtasis, no entendía que era lo que me estaba pasando. Cuando le preguntaron quién era yo, les dio mi nombre verdadero. Ya era demasiado tarde en la noche, así que decidí quedarme y volver al departamento, pero algo le sucedió que se quedó mudo. Sí, en verdad enmudeció, y no dijo una sola palabra más. Yo dormí en una paz como hacía muchas noches no dormía.

El día siguiente era domingo, 18 de noviembre del año 1999, cómo olvidar esa fecha, jamás, ese fue el día en que nací. En fin, me desperté y mis niñas y yo salimos de casa por primera vez rumbo a la iglesia. Éste es otro milagro, porque él jamás me dejaba salir sola de la casa más que para

> *Caí de rodillas y grité desde lo más profundo de mi ser:* "Dios, perdóname, por favor, perdóname, sé que existes y que eres real, ¡¡¡¡ayúdameeeeeeeee!!!!! Tú sabes, tú me conoces bien, que yo no elegí esto para mí ¡¡¡ ayúdame!!!

trabajar. En fin, salí y él seguía enmudecido, con una mirada fija hacia lo lejos. Era como si él no me viera, como si las niñas y yo éramos invisibles a sus ojos. Al llegar a la iglesia, a misa de nueve de la mañana, yo lloraría durante toda la misa.

En los cánticos, todavía los recuerdo, decían "Cordero que bajaste del cielo", etc. etc. y yo lloraba sin parar, no sabía por qué, no sabía qué me estaba pasando, ni siquiera me acuerdo de una sola palabra que dijo el sacerdote, pero al terminar la misa, corrí hacia él y le dije "Padre, padre, por favor, necesito confesarme". Él me vio tan angustiada que cedió y aquí yo le dije todo. Él solo movía la cabeza, me hacía preguntas y se limitaba a decir "Muy mal, muy mal, muy mal", y termina por decir "Tus pecados te son perdonados.

Ve y reza un Padre Nuestro, una Santa María y una Dios te salve María". ¿QUEEEÉ? "Me perdonó Dios, me perdonó". Yo lloraba y reía a la vez ¡¡¡no lo podía creer!!! Y ¿¿¿por qué yo no lo podía creer??? Porque el pecado te aleja de Dios. Durante todos estos años, yo viví distintas etapas con Dios. La primera, me enojé y le dije "No existes. Tú eres malo. No existes porque si existieras no permitirías que esto me pasara o debes de ser muy malo para no defenderme. Es más, creo que eres un cuento y no existes, no te veo, te he rezado y no me has escuchado, he llorado y he sufrido mucho y tú debes estar tan ocupado recibiendo cantos de los pobres angelitos.

Para mí, los ángeles eran las personas muertas, en especial, los niños. ¡Qué ignorancia la mía! Claro que no me iba a responder ni a defender porque mis dos papás tenían autoridad sobre mi vida y los dos habían hecho tratos firmados con el enemigo. Así que esto le daba derecho legal a Satanás y le ataba las manos a mi Dios. Él solo podía llorar con mi dolor y dolerse de tanta perversidad, de tanta ignorancia por parte de mi padre al estar ciego y él mismo caer en las trampas de su enemigo.

Ésta es la razón por la que él tampoco acudió a tu auxilio cuando tú se lo pediste en cualquier momento de tu vida.

Y la otra etapa fue mi etapa de miedo. Yo pensé siempre que era mi culpa. Si yo no hubiera amado a mi padre cuando tenía trece años, nada de esto me hubiera pasado, pero como yo lo quise y lo acepté, por eso me pasó todo esto. "Eso es muy malo, soy muy mala, soy la peor de las personas y si yo le rezo a Dios, la tierra se va a abrir y me va a tragar o fuego va a caer del cielo, un rayo, ¡qué sé yo!, pero lo que sí sé es que no puedo buscar a Dios". ¡Wow! Diablo maldito, ¡Qué astuto y mentiroso eres". Pues, al escuchar a ese sacerdote decir "Tus pecados te son perdonados", yo sentí literalmente que un camión de volteo salió de mis hombros. No lo podía creer. ¡Perdonada! ¡Yupiiiiii! Yo estaba a la expectativa de algo ¿de qué? Eso sí no lo sé, pero algo iba a pasar.

ME SALIERON ALAS

Llegué a casa mi padre. Seguía en el mismo lugar y sin decirme una sola palabra, pero la verdad que yo ni me fijaba en él. Algo estaba pasando conmigo. Yo seguía disfrutando de mi primer amor. Dios me había perdonado, solo en eso pensaba.

Llego el lunes, 19 de noviembre de 1999. Mi padre se despertó a las cuatro y treinta de la madrugada, lo sé porque escuché ruido y desperté a las cinco. Salió de casa, así que yo desperté, me bañe, ahora, éste es otro milagro porque a mí no me gusta levantarme temprano. Jajajá. Desperté a mis niñas, las bañé, les puse la ropa más bonita que tenían, les preparé un rico desayuno y almorzamos juntas. Yo seguía feliz, sabía que algo pasaría, qué, eso sí no lo sabía. Toc toc toc toc. "¿Quién será a esta hora de la mañana?". Abro la puerta y unos policías me muestran sus placas. "¿Eres Abelina?". "Sí, soy yo". "Vámonos". Llegamos a la Oficina de CPS otra vez. Me interrogaron.

Esta vez yo ya tenía diecinueve años, así que ya no podía quedar en custodia de ellos. Entonces, me mandaron a un lugar donde viven las personas sin hogar, un refugio de mujeres, *The Family Place*, se llama. Es una organización que una mujer multimillonaria abrió. Dios la bendiga dondequiera que éste y haga multiplicar sus finanzas al 1000%. Y así dicen algunos ¡que el dinero es malo!, al contrario, es muy bueno, los malos son los que piensan así y los que hacen cosas malas con él.

¡Ah! ya vez, querido amigo, ahora sí van a comenzar las cosas hermosas de este libro, pero si no hubiera pasado nada de lo feo, pues yo no estaría viviendo o contándote lo bello, lo grandioso que fue y es mi Dios.

Capítulo 8

EL INICIO DE UNA NUEVA VIDA
SIN CADENAS NI GRILLETES

Al separarme de mis hijas, yo veía esto como un castigo, ¿cómo es posible que me separen de ellas?, pero gracias a Dios que esto pasó. Ahora mi vida estaba en las manos del Gran Yo Soy y el sí sabía qué era lo mejor para mí. Mis niñas vivieron en un hogar con unas personas que fueron puestas por Dios para sanar el alma herida de mis princesas, en especial de mi Mayrita, que ella quedó tan afectada por todo el trauma que vivió, que no entiendo como no enloqueció con tanta tortura para su tan pequeña edad.

Mi hija les tenía terror a los hombres y odio. Ella agarraba a mordidas a patadas al Señor Mark, su papá temporal, cada vez que él se acercaba a su esposa, su hija o pasaba cerca de su hermanita. Ella siempre tenía a su hermanita tomada de la mano para protegerla. Mi hermosa niña siempre fue una ternura y todavía lo es a sus veintitrés añitos que tiene hoy en día.

Pues, resulta que al ser sometida a exámenes sicológicos, yo estaba tan mal, pero tan mal, que la sentencia del juez fue que por cinco años yo estaría alejada de mis hijas. Aunque yo sabía que ellas estaban bien, yo no dejaba de llorar, pues nunca me había alejado de ellas y cinco años eran una eternidad.

Mientras tanto, empezó mi restauración. Viví en un refugio de mujeres por cuatro meses junto a muchas otras mujeres que no tenían hogar. Muchas de ellas, la mayoría, con problemas de adicciones a narcóticos. Tenía que esconder hasta mi pasta de dientes porque hasta eso se robaban. Mientras tanto, yo asistiría a terapia cinco días a la semana para prepararme en distintas áreas de mi vida, una restauración total. Una de las primeras evaluaciones fue la académica, también califiqué y fui aprobada para un programa que se llama "Programa de soporte de vida". Estábamos como cien mujeres, tal vez de las cien, solo ocho calificamos para este programa. ¿Por qué? Porque muchas mujeres que viven violencia doméstica ya se les hizo un patrón de conducta y codependencia, entonces, quieren ser libres, no les gusta ser maltratadas, pero no pueden dejar a sus agresores, vuelven con ellos y no saben por qué.

Esto es porque hay contratos legales firmados desde un ámbito espiritual, pero la sicología no cree en Dios. Es por eso que tú y yo fuimos renunciando y tirando esas cadenas que nos continuaban atando a nuestros agresores.

Este programa era de restauración total. Por dieciocho meses se harían responsables de tener el equipo correcto para ayudarte a ser independiente y nunca más vuelvas con tu agresor. Repito: si no eres libre espiritualmente, no vuelves con ese agresor, pero te buscas otro igual o peor. Es como si trajeras una bandera que dice "Se busca un hombre golpeador, prepotente, agresivo y majadero", y esto no cambia si tú no haces las renuncias correspondientes.

Así que empecé por estudiar inglés, porque solo sabía como cinco palabras. Ellos pagarían por toda mi educación académica. Esto incluía la educación de preparatoria. Empecé algunas clases de colegio, me enseñarían computación, que a decir verdad, nunca me gustó y se me olvidó gran parte de lo que estudié. Me pagaron varios cursos, como *Servicio al cliente*, *Tele marketing*, entre otros. También tomaría clases de *Parenting* en inglés, *Cómo ser una mejor mamá*, se diría en español, porque una persona que fue abusada, tiende a abusar. Me sometieron a infinidad de terapias porque yo seguía insistiendo en que yo era la responsable de todo lo que me sucedió. Ahora lo entiendo, pero en ese momento, no lo sabía. Una persona así es una persona suicida. Sí, así es. Yo no dormía, tenía miedo dormir porque por los siguientes tres años de mi vida yo tendría pesadillas casi todas las noches, y eran tan reales como que cada noche, mi padre aparecía en mis sueños para asesinarme. No era mi papá, pero sí eran los demonios con los que mi papá había pactado sin él darse cuenta.

> **Si no eres libre espiri-tualmente, no vuelves con ese agresor,** *pero te buscas otro igual o peor. Es como si traje-ras una bandera que dice "Se busca un hom-bre golpeador, prepo-tente, agresivo y majadero", y esto no cambia si tú no haces las renuncias corres-pondientes.*

Es muy importante que entendamos esto: Cada vez que tú eres unido se-xualmente a una persona, ya sea con tu consenti-miento o porque te viola-ron como a mí, bueno pues, la ley dice que tú te haces una sola carne y hay transferencia espiri-tual. Es por eso que han pasado muchos años y tú de repente todavía pien-sas en ese novio, en esa persona con la que estu-viste y cuando tú lo amaste hubo transferencias entre las almas de ustedes. Dios dice que se llaman *"ata-duras del alma"*, y yo estaba completamente atada a mi padre, pues nadie me había enseñado a re-nunciar a él. Cada día continúo creciendo y apren-diendo y siendo libre de distintas cosas.

No es una broma, esto es muy real. Una amiga había pasado la noche a dormir en mi departamento. Sí, así es, más adelante yo tendría mi propio departa-mento. Pues, ya era de día cuando yo empecé a tener esta pesadilla y, de repente, ella vio como algo me agarró del cuello y me levantó por los aires y me es-taba ahorcando. Me veía colgada, pero no veía a nadie y solo abría los ojos y la pesadilla paraba. Por esto yo no dormía, trabajaba de noche porque tenía miedo de dormir. Me dieron pastillas porque los médicos decían que esto eran ataques de pánico, ansiedad y depresión crónica. Ese fue el diagnóstico del siquiatra. Sí eran ataques ¡pero de Satanás! Yo decidí no tomar el medicamento, no sé cómo que una voz interna me decía "No lo hagas". Pues bien, después de someterme a exhaustas terapias sicológicas.

En una de ellas yo iba a *Advocación Center*, un centro donde interrogan a cada niño que fue violado o molestado sexualmente, y como parte de mi terapia yo debía escuchar detrás de un espejo al niño, y me decía mi Terapista "Y entonces Abelina, ¿Fue la culpa del niño o de su papá?". En esta ocasión, me tocó escuchar cómo el papá abusó de su hija de tan solo seis añitos de edad. Era un asco, ya no pude seguir escuchando. Solo me permitieron escuchar tres casos y solo mientras que yo estuviera cómoda. Pues bien, la terapista me decía "¿Crees que fue la culpa de la niña o de su papá?". "Pues de su papá, claro es". "Y a ti te violó tu papá", y yo insistía "Claro que no, a mí no me violó, fue mi culpa". "Y ¿qué diferencia hay entre esta niña y tú?". "Pues, que ella es una niña y yo ya era una mujer hecha y derecha". Maldito Satanás me tenía ciega.

¿QUÉ ES UN ABUSO SEXUAL?

La estadística dice que de cada diez niños menores de doce años, ocho van a ser molestados sexualmente o violados por un familiar o un conocido, y solo un 5% es por un extraño. Lo peor es que muchos de estos abusos pudieron ser evitados. Puedes buscar lo que dice el doctor James Dobson, experto especialista en esta área. Él da una lista de algunas de las prevenciones que se pueden hacer, como por ejemplo enseñar a los niños los nombres reales de sus partes privadas, se llama vagina y se llama pene, esto evitará que alguien los engañe diciendo *"flore-cita, "mariposa", "pajarito"*, etc. Esto convierte en presa fácil al niño. Otro ejemplo que da el Dr. Dobson es que nunca obligues a tu hija(o) a besar a nadie, como por ejemplo "Ándale hijo, dale un beso a la tía" o "dale un beso al tío, al abuelito". "Ándale, no seas tímido, besa a mi papá". Este es un error enorme porque cuando alguien les diga "Anda, ven, bésame" o "tócame", el niño no sabrá a quién debe permitírselo y a quién no. Además, si ya él siente temor o rechazo por el abusador, tendrá temor de decirles a sus papás porque si mi papá me obliga a besar al abuelo, entonces me va a obligar también a besar a mi violador. ¿Sí me sigues?

Yo no soy consejera sexual ni doctora, solo te hablo a través de lo que aprendí con mi experiencia y con la revelación que Dios me ha dado.

Una de las heridas que el abuso deja siempre es el sentido de culpabilidad y de que soy sucia o yo lo merecía porque me gustó, lo disfruté cuando me tocó y luego desarrollamos patrones destructivos y dañinos en la parte sexual, ya sea que no nos guste el sexo o ya sea que nos volvamos promiscuos, adictos al sexo, a la pornografía, a la homosexualidad, entre otras. Todo esto es perversión sexual y desórdenes sexuales provocados por el abuso.

Primero, vamos a entender cómo Dios hizo nuestro cuerpo: Si un zancudo se para en tu piel, lo sientes ¿verdad? Si yo te toco la mano, lo sientes ¿verdad?, ¿y un ojo?, y ¿qué tal la oreja? Claro ¡vas a tener sensación! Pues "Sí, Abelina, es obvio". Voy a hablar de la mujer y no del hombre porque no tengo información en la anatomía de un hombre. Entonces, tu vagina también tiene músculos y sangre y, por lo tanto, sensación. Además, dentro de tu vagina tienes un clítoris y éste Dios lo hizo tan, pero tan sensible, que es la única parte de tu vagina que su única función es hacerte sentir placer, porque Dios sí inventó el sexo para que éste fuera entre un hombre y una mujer casados en mutuo acuerdo, y es un premio para los esposos. Por eso es que si tú tienes sexo antes del matrimonio hay consecuencias. Dios no quería prohibirte que tuvieras placer. Él quería protegerte de ataduras del alma, del espíritu y otras cosas destructivas que esto conlleva y que abre portales al enemigo, en otras palabras firmas contratos.

Pues, si tú sentías bonito cuando tu agresor te tocaba es porque se supone que tu cuerpo sienta eso, placer. Tu cuerpo no puede decir si me pica un zancudo rojo me tiene que doler, pero si me pica un zancudo amarillo entones me tiene que gustar. No, no es así. Tu cuerpo va a sentir sensaciones porque se supone que eso debe sentir, para eso fue hecho. Así que quítate esa culpa que porque te gustó fue tu culpa o porque sentiste bonito, entonces eres mala, o porque te gustó ahora el sexo es cochino y no te debe de gustar. Todo eso es mentira.

O bien, por el contrario, te gustó y ahora quieres tener sexo ilícito, en perversidad.

Vamos a hacer una renuncia ahora mismo y vamos a sanar tu sexualidad ahora mismo.

Señor Dios y padre mío, vengo ante ti en el nombre de Jesús y quiero renunciar a la mentira que he creído de que el sexo es malo. Ahora, yo renuncio a todas las formas perversas que me he formado en base a una mentira. Ahora mismo, yo renuncio a toda atadura del alma que tuve con (nombres de los abusadores). Te pido que me devuelvas cada partícula de mi alma que él se llevó y ahora yo le regreso lo que era de él. Padre devuelve mi deseo sexual que es santo y agradable a ti, devuelve mi inocencia y santidad en el nombre de Jesús.

Si tú has practicado sexo ilícito a raíz de tu abuso, vamos a pedirle perdón y a renunciar a ello también ahora mismo:

Señor Dios y Padre mío, perdóname, reconozco que es iniquidad y pecado. Me arrepiento y te pido perdón. (Aquí has una lista de todo lo que has practicado y no era santo. Ejemplo: masturbación, pornografía, etc.), renuncio a ti, ya no tengo necesidad de auto satisfacerme. Renuncio, rompo todo pacto contigo, Satanás.

Ahora pon tu mano en tu parte genital y repite:

Desde hoy en adelante, te santifico, te acepto. Dios te puso aquí como regalo para que yo encuentre placer con mi esposo. *Te hablo vida y te ordeno en el nombre de Jesús que vuelvas a tu lugar original y la intención original que Dios te asignó.*

Ahora, celebra, ¡¡¡¡¡ ERES LIBRE!!!!! No más culpa, no más remordimientos, no más vergüenza, no más dolor. ERES LIBRE POR EL PODER DE TU BOCA Y LA SANGRE DEL CORDERO...

Proverbios 18:21

La muerte y la vida están en poder de la lengua, Y el que la ama comerá de sus frutos.

Tu boca tiene poder. Recuerda que primero es un pensamiento, tú lo crees, después lo hablas, lo llevas a la acción y luego se te convierte en un hábito y así vez una forma de vivir y luego una atadura o fortaleza. Cuida tus pensamientos, ya antes te expliqué cómo cuidar tus pensamientos ¿Te recuerdas? Llévalos a los pies de Cristo y clávalos ahí en la cruz del Calvario.

Háblales, grítales: "No eres de mí y no te acepto". El problema está cuando tú con tu boca gritas "No eres mío pensamiento sucio", pero en tu corazón lo crees. Es por esto que acabamos de ver, entender y comprobar la verdad de Dios en cuanto a nuestro cuerpo y nuestra sexualidad.

SEGUÍA SIN IDENTIDAD
Y CON REMORDIMIENTOS Y CULPA

Pues bien, yo seguía sintiéndome culpable. No importaba lo que me dijera el sicólogo y el Terapista. Yo seguía responsabilizándome por la conducta torcida de mi papá y por el abuso. Sí, porque no había descubierto esta verdad que te acabo de describir en el capítulo anterior.

Otra de las estrategias que usarían conmigo es que ahora yo escucharía los testimonios de los violadores y todos, en lo absoluto, decían:

"Yo no recuerdo haberle dicho eso. Yo no recuerdo haberle hecho eso".

Eso es un común denominador en los violadores la palabra *NO RECUERDO*. Cuando los detectives escuchan esta palabra, ya saben que este hombre o mujer son culpables. ¡Qué fácil!, ¿verdad?

Otro común denominador de los que ya confiesan es decir "Yo no quería. Ella me provocó", "ella fue la que se metió a mi cama", "ella fue la que se desnudó y me enseñó su cuerpo", "ella me besó", "ella fue quien, con su forma de ser, me obligó", ... ¿Te suenan familiares estas frases? Si las has escuchado antes, tienes que saber que no fuiste tú, es la mente pecaminosa de tu agresor trabajando en conjunto con el reino de Satanás.

Recuerda: **Satanás nunca cambia sus tácticas, son las mismas, solo cambian los nombres y las historias**. Por eso, estoy escribiendo este libro, porque es tiempo de que tú sepas la verdad y ayudes a rescatar a tu hija, tu nieta, tu vecina o a ti misma. No. Nunca fue la culpa tuya, porque tu agresor tiene control y él pudo decidir no hacerte daño, pero no quiso.

Un día que me llevaron a ver a un preso que estaba convertido a Cristo, que en ese tiempo yo no entendía esos términos. Desde la cárcel, él tenía un ministerio de ayuda a los hombres que estaban ahí recluidos por violación y los llevaba a aceptar que eran culpables. Así cuando fueran libres no cometieran otro abuso, porque un abusador siempre va a seguir abusando si no es restaurado desde su corazón.

> **Tu boca tiene poder.**
> *Recuerda que primero es un pensamiento, tú lo crees, después lo hablas, lo llevas a la acción y luego se te convierte en un hábito y así vez una forma de vivir y luego una atadura o fortaleza.*

Este hombre, ahora terapista, me explicó y me dijo lo que yo te estoy describiendo arriba. Igual, en ese momento no lo entendí, solo lo escuché y en ese ratito dije: "¡Wow!, tiene razón", pero yo seguía con mi antigua forma de pensar, y era porque yo todavía no había hecho ninguna renuncia como todas las que tú ya has hecho.

135

Pues bien, yo creo que mi terapista cansada de mí y de mi negación, me dijo con voz firme y fuerte, mirándome claro a los ojos: "Abelina, ¿quieres recuperar a tus hijas ya o quieres permanecer alejada de ellas aún? Si las quieres, entonces ya deja de decirme que eres culpable, porque yo tengo que reportar todo al juez y si tú eres culpable, entonces eres vulnerable. Si se aparece tu papá de alguna manera y se contacta contigo, tú vas a volver con él, porque él te controla tu mente. Entiende esto, por favor. Así que si quieres a tus hijas, entonces –y me tocó mi cabeza– tienes que entender que ¡¡¡¡¡ fuiste su víctima!!!!!". ¡Aaahhh! Muy bien, ya entendí de qué se trata, es una táctica. Muy bien, entonces soy víctima y de ahí en adelante me presenté a todas las terapias ya aceptando con mi boca que mi papá me había abusado. Lo decía con mi boca, pero jamás lo creí en mi corazón. No fue hasta apenas hace unos pocos años atrás, que finalmente entendí, acepté y comprendí que no solo fui abusada, también fui violada y torturada física y mentalmente.

Capítulo 9

MIS HIJAS REGRESAN A CASA.
OTRO MILAGRO

Pues bien, solo habían pasado seis meses desde la separación de mis hijas cuando el juez, por el resultado de mis exámenes sicológicos, permitió que mis hijas volvieran a casa temporalmente. Es decir, al principio, solo estaban conmigo los fines de semana. Eso era una locura, muchas lágrimas, porque ellas lloraban cuando se iban y cuando venían, principalmente Mayrita, la más grandecita, que en ese momento tendría ya casi cuatro añitos, porque ahora, ella amaba a sus papas temporales, Dad Mark o Papá Mark, como le decía ella y Mamá Mary. Estos señores los voy a bendecir con mi boca todos los días de mi vida y mi Dios los tiene en la palma de su mano todos los días de sus vidas. Ellos fueron como ángeles, fueron un bálsamo para las heridas de mi hermosa niña.

Después ya vendrían conmigo entre semana y se irían los fines de semana, pero la custodia todavía no la tenía yo sino el estado. Mi teléfono estaba intervenido y tendría cámaras en la puerta de mi apartamento. Todos estos fueron requisitos del juez o mejor dicho la propuesta de mis terapistas y abogado para que las niñas pudieran regresar conmigo, se tenían que ofrecer garantías de protección. Para esto se requería mucho dinero que yo no tenía, todo esto fue pagado por esta mujer millonaria. Creo que hoy en día, ésta es una de las razones por las que yo estoy haciendo guerra contra la pobreza y enseño finanzas, enseño cómo es que tú puedes ser millonaria. Si yo pude, tú puedes. Mira mi vida, como ya te habrás dado cuenta, yo era una estadística más de vivir del gobierno y en pobreza. Sí, ¡¡ pobreza en el país más rico del mundo!! Yo viví pobreza extrema aquí en los Estados Unidos de Norte América.

EL ÚLTIMO ATAQUE DE SATANÁS
Y FUE VENCIDO

Hasta aquí quería llegar. Esta es la palabra que tanto deseé escribir desde que empecé la primera página, "satanás, (sí, con "s" minúscula) estás vencido, estás bajo los pies del único Rey de Reyes y por lo tanto, bajo mis pies".

Pero te diré su último ataque: Pues bien, mi padre nunca supo qué fue lo que pasó conmigo. Yo solamente desaparecí. Él jamás se enteró de nada, porque ese 18 de noviembre él había salido de la casa tan de madrugada porque había vuelto a sus negocios ilícitos, pero ese mismo día lo capturó la policía con medio kilo de cocaína. Lo pusieron preso. Él dio otro nombre, como siempre, y lo deportaron a México. Solo estuvo preso una o dos semanas. Nunca descubrieron que era él hasta que ya lo habían de-portado. Una vez más se burló de la policía. Él creyó que yo me había ido a México y me fue a buscar a casa de mis abuelos. Sin pena ni nada, él confesaba a los cuatro vientos que yo era su mujer. Me da asco escribir esto, pero así era.

En ese tiempo, se destapó en la prensa un escándalo que envolvía a una cantante famosa que se llamaba Gloria Trevi. Pues, a raíz de ello, mi familia, mi única familia, con la que crecí en mi natal México reaccio-naron y se dieron cuenta de ¡¡¡qué hicimos !!! No es posible, le dimos en charola de plata a este animal a nuestra querida Cuquis, como ellos me llamaban de Cariño. Empiezan a buscarme, pero nadie sabe nada de mí. El susto y la angustia se apoderaron de ellos, pero esto fue suficiente para que ellos reaccionaran y me empezaran a aceptar.

Mira que me río de lo que estoy a punto de escribir. Ahora, me río, pero en su momento, fue muy dolo-roso. Te debes estar preguntando: "¿Y dónde está el chiste que no lo veo?" Espera un poco y lo verás. El chiste del premio mayor, el gordo del descaro. Pues sí, mi padre volvería a Estados Unidos, a la ciudad de Houston, Texas, que es donde vivían mi madre y mis hermanos. Sí, porque para este tiempo, mi madre ya había salido de la cárcel y ya se encon-traba reunida con sus hijos de nueva cuenta.

Mi padre los buscó para intentar formar una familia con ellos. Obvio, mi madre se negó y le reclamó que cómo era posible que él hubiera estado con su hija.

Mi padre les dijo que todos estos años yo lo mantuve obligado a estar conmigo bajo amenaza, y por sus antecedentes, él tenía mucho miedo a ir a la cárcel, y que por eso, aceptó mis chantajes. Sin embargo, ahora él cansado y harto de mi maldad, se arriesgó y me dejó y está dispuesto a ir a la cárcel con tal de deshacerse de mí. Esto es para reír, mi madre se negó a creerle toda su verdad y bueno, entonces, él dijo: "Está bien, está bien, tal vez yo tuve un poco de culpa, pero fue que ella me sedujo, ella fue quien me obligó, ella fue quien se me desnudó y yo siendo hombre, pues no me pude negar".

> **Si yo pude, tú puedes.**
> *Mira mi vida, como ya te habrás dado cuenta, yo era una estadística más de vivir del gobierno y en pobreza.*

Pero ¡¡ el colmo de la estupidez de Satanás!! Y es que ¡¡¡ mi madre le iba a creer!!! y empezaron un romance. Él empezó a acercarse a la casa y a mis hermanos, ahora empezó una terrible persecución de parte de mi madre. Así es, querido amigo lector, ahora ella me culparía a mí de este terrible acto. Siempre me culpó, mejor dicho.

Siempre me vio como una mujer rival, su enemiga, porque yo estaba con su esposo, pero ahora lo que cambiaría es que toda la responsabilidad de lo que ella creía que había sido un romance, una historia de amor y pasión entre mi padre y yo, todo el peso de su furia, de su veredicto, caería sobre mi cabeza. En verdad que el diablo no tiene abuela, no tiene parientes. Así es, querido amigo, nuestro enemigo es real y despiadado, no te va a tener ni la más mínima compasión.

Yo estaba feliz con mis niñas alejada de ese mundo, yo ni enterada de lo que estaba sucediendo, hasta que un día me encuentro en un restaurante a una tía, esposa de un sobrino de mi hermosa abuelita, y ella me dice: "Cuquis (nombre dado por mis abuelitos), doña Juanita te anda buscando. Están muy preocupados por ti, porque no saben nada de ti". Le di mi número telefónico. Ella se los hizo llegar y así empezó una nueva comunicación con mi hermosa familia, mis tías y mi abuelita. Fue hermoso, me pidieron perdón por no haberme defendido. Jamás me preguntaron qué había pasado ni me pidieron detalles, solo fue "Gracias a Dios que estás viva, que estás bien, que te amamos", y eso era todo lo que yo necesitaba. Pero, pronto mi madre los llamaría y empezaría a envenenarles el alma.

Por favor, quiero que entiendas por un momento que yo no te estoy dando estos detalles porque quiera aparecer como la súper víctima y mi madre como la súper monstruo, porque no es así. Mi madre tenía ignorancia sin Cristo. Además, desconocía muchas cosas y detalles. Ella tenía su opinión basada en sus propias conclusiones, con la poca información que ella tenía. Los argumentos de mi madre eran "Yo fui por ella a Atlanta y se negó", "CPS, protección al menor, la rescató y ella huyó con él, lo que quiere decir que sí es verdad, que ella quería, deseaba estar con él, mi pobre hija es el mismo Satanás en persona". Y ahora mi padre se refería a mí con palabras despectivas y de odio, mucho odio. Siempre le decía a mi madre que él me iba a matar. Mi nombre en los labios de mi padre es "diabla". Él decía y sigue diciendo que soy Satanás en persona, que destruí la vida de ellos. Con todos estos antecedentes, por favor, no tires la primera piedra hacia mi madre, al menos que tú nunca hayas pecado, entonces, sí, tírala.

Pero, además, el propósito de este libro no se trata de mí; a mí, Dios me ha restaurado completamente y gozo de una maravillosa vida. Este libro fue escrito para ayudarte a ti a que entiendas cómo una mentira, una forma errónea o una opinión basada en una verdad a la mitad, pueden y son capaces de destruir.

Bien, con esta aclaración, sigamos: Pues bien, entonces, ahora empiezan los cuestionamientos y las acusaciones. Eso fue terrible para mí, yo llegué a tener un total desprecio hacia mi madre y resentimiento hasta lo más profundo de mi alma. ¿Cómo es posible que me abandonara al nacer, me abandonara con el monstruo de su esposo y ahora viniera a perseguirme, a atormentarme, a torturarme con sus acusaciones? No me explicaba cómo era posible, y yo al igual que ella, empecé a tener más dolor, asco, vergüenza, decepción, desilusión, resentimiento hacia ella, mucho más hacia ella que hacia él. ¿Cuáles eran mis razones? Bueno, él es malo, lleno de maldad, a él se le disculpa por ello, pero ella es mi madre, ¡Caray! ¡¡¡¡¿Cómo es posible?¡¡¡¡ Ella pensaba igual de mí: "Él solo es mi esposo y siempre fue malo, pero ella es mi hija ¿cómo es posible? ¡¡¡¡Caray!!!! ¡Qué difícil! ¿Verdad? Solo Dios y su poder han sido capaces de romper estas fortalezas y sanarme...

Pues bien, en este momento de la historia, tuvimos que ir a corte, porque había que pelear la custodia de mis niñas. En el estado de Texas, no puedes quitarle la custodia al padre biológico solo porque sí, un juez lo tiene que hacer, ni siquiera bajo las circunstancias de incesto. Mientras mi padre no se presentara, yo tendría la custodia. Este asunto lo atiende un juez de familia totalmente independiente de un juez criminal.

MI PRIMER AMOR

A estos momentos, yo me aferre al amor de Jesús para sobrevivir. Empecé a ir a la iglesia católica todos los días e iba a misa y rezaba como cien avemarías cada día. El simple hecho de entrar a la casa de Dios me llenaba de paz. Yo no oraba, solo rezaba y contemplaba las estatuas por horas. En esos momentos, eso era lo único que necesitaba. Alguien me regaló un casete (sí, un casete) de música cristiana, que tenía alabanzas como: "Cansado del camino", "Sediento de ti". ¡Wow! Yo lloraba y disfrutaba la presencia de Dios. Yo me sentía perdonada y aceptada por Dios. Yo, en verdad, amaba a Jeshua Jesús y estaba profundamente agradecida con él por esta nueva oportunidad de vida que me estaba regalando, y por seguro, esta vez yo no iba a meter la pata, le decía yo.

143

Mis hijas estaban en una guardería y yo estaba estudiando. Me estaba preparando en todos los sentidos para yo poder ser independiente y nunca más tener que ser dependiente de un hombre, y lo más importante: mi Dios me había rescatado del miedo, de la tortura, de la muerte. Así es él, ¡¡¡ me había rescatado de la muerte !!! Así que yo estaba realmente enamorada y agradecida, aunque no tenía revelación de quién era él, solo eran emociones, amor del alma.

Me daban citatorios a la corte y yo no me presentaba porque sabía que mi padre se presentaría también y, en verdad, todavía le tenía mucho miedo: "Que tal que me siga", "Que tal que traiga una pistola" y los nervios me traicionaban y yo no llegaba, hasta que me mandaron un ultimátum que tenía que presentarme o podría perder la custodia.

Pues bien, el día llegó. Me presenté y ahí estaba mi padre. Antes de pasar con el juez, nos dejan reunir con un intermediario para llegar a un acuerdo. Ahí mi padre lo que peleaba era que no quería dar manutención, y yo tampoco quería un solo centavo de él. No me pregunte por qué, pero no quería. Así que mi padre dice "Bien, si voy a dar dinero, quiero ver a las niñas". "Jamás", dije. "Si usted pide eso, entonces, ahora mismo yo voy a decir toda la verdad".

Estando frente al juez, él se niega a pagar manutención. El juez ve el reporte y me dice "¿Por qué tienen el mismo apellido? Espera, tu tuviste esta niña a los catorce años y éste...éste, éste es un degenerado

¿Quién es él? ¿Qué es de ti?" Mi padre interrumpe y le dice: "Está bien, voy a dar lo que usted pida, Señor Juez". "Cállate, basura, no quiero hablar contigo". Mi padre asustado: "Hija, por favor, no le digas. Voy a darte todo lo que pidas". Mi padre temblaba de miedo y casi lloraba. Hasta ahí me di cuenta que, en realidad, era muy bajito de estatura y que era muy débil. Me tallé los ojos para ver si yo estaba viendo bien, porque siempre lo vi físicamente como si fuera un gigante. Siempre pensé que era extremadamente alto, cuando en realidad, era un enano. Pensé que era muy fuerte y era todo lo contrario, no lo podía creer. El enemigo tiene la capacidad de hacernos ver diferentes fiscalmente a las personas.

Esto es una realidad, no estoy bromeando. El juez me dice: "Hija, no lo veas. Mírame a mí, por favor, mírame a mí, y tú, cállate, basura, que te voy a hundir en la cárcel. Dime qué pasó, quién es él. Habla litle gril, please, talk. Habla, pequeña niña, por favor, habla ....Yo tuve la oportunidad en mis manos, pero una vez mas no quise hacerlo ¿¿¿ Cómo??? Él es mi papá yo no puedo hacerle eso. Si Jesús me perdonó, por qué yo le haría algo tan feo como ponerlo preso, jamás podría con mi conciencia.

> *Este libro fue escrito para ayudarte a ti a que entiendas cómo una mentira,* una forma errónea o una opinión basada en una verdad a la mitad, pueden y son capaces de destruir.

No, no puedo. "No es nadie, Señor Juez, no pasó nada, él nunca me abusó, él nunca me pegó, él es inocente, el solo es el papá de mis hijas". ¿¿¿¿Queeeeé????, dijo el juez. Y llevó sus manos a la cara. Dice: "Sube, por favor". Yo estaba abajo, en el pódium, y él, arriba. Era un juez en silla de ruedas. Casi podría asegurar que es el actual Gobernador de Texas.

Subí y me dijo: "Veme a los ojos", me dice en una voz suave. "No lo veas a él". O sea, a mi papá. "Mírame a mí y dime qué pasó". Mi papá habló y el Juez le dijo al policía: "Calla a esta basura. Si vuelve a abrir su sucia boca, lo encierras y de ahí y yo me encargo de que nunca salga. ¿Dime qué pasó? Esta bestia jamás te volverá a tocar. Jamás te va a hacer daño ¡¡Te lo juro!!". "Nada". No dije nada ¡¡¡fui incapaz de ponerlo preso!!!

Lo que yo hice fue incorrecto. Yo confundí Justicia con Venganza. Hay que entender que las leyes terrenales fueron puestas por Dios para protegernos a nosotros mismos de las consecuencias del pecado y restaurarnos. Yo dejé en libertad a un criminal. Yo puse en peligro la vida de otras mujeres. Yo puse en peligro la inocencia de otras niñas.

¿Por qué? Porque mi papá nunca fue restaurado. Él nunca se ha arrepentido por su maldad, y él tampoco ha renunciado a los acuerdos que ha hecho con el enemigo. Cuando él consumió drogas, demonios entraron dentro de él. Cuando él cometió incesto, demonios entraron.

Mira lo que dice Dios sobre el pecado sexual.

1 Corintios 6:18

Huye de los pecados sexuales, todos los demás peca-dos que un hombre comete están fuera del cuerpo, pero el que comete pecado sexual, contra su propio cuerpo peca.

Por lo tanto, aunque mi papá no quiera, él puede luchar contra estos deseos lujuriosos, pero él no podrá controlarlos porque están dentro de él, y muchas niñas corren peligro. Él no debería estar libre para su propio bien y de las demás personas.

Pues le pedí permiso al juez de entregarle algo a mi papá. Le di un casete con una prédica que hablaba sobre la reconciliación con Dios y tenía alabanzas. Se lo di contenta, pensando que mi padre lo escucharía. Después de todo, lo salvé de ir a la cárcel y ahora él tendría la oportunidad de hacer las paces con Dios y cambiar su vida para siempre.

UNA MENTE ENFERMA

Pues no fue así. Ahora, él le diría a mi madre que yo lo acosaba y que le regalé música de amor. Ahora, los dos me destrozaban la vida con su boca.

Quiero que veas el poder del amor y de la misericordia de Dios a mi vida, porque yo no había hecho renuncias aún y no conocía las leyes que he compartido contigo y tenía dos autoridades en mi vida lanzando decretos negativos hacia mí.

Mi agresor ya no está físicamente, se ha ido, pero las consecuencias del abuso me seguirían. Yo vivía una vida miserable, llena de miedos, llena de inseguridades, con la necesidad de ser aceptada por la sociedad, con la enorme necesidad de pertenecer, de amar, de sentir que alguien me quería, completamente sumergida en la depresión, relaciones abusivas, codependencia y mucho dolor.

Tenía mucho dolor en mi alma, mucha desesperación por querer proveer para mis hijas. Estaba completamente sola, no tenía absolutamente a nadie a mi alrededor, porque yo me aislé de las personas. No tenía amigos porque no me gustaba que preguntaran nada de mi vida. Le tenía miedo a la gente y no quería que nos hicieran daño, porque una vez tuve una relación tóxica con un hombre treinta años mayor que yo. ¿Te recuerdas que te dije que si no eres sana solo vas a cambiar de agresor? Pues, ¡¡ésta era yo!! Este hombre lloró conmigo, me vio sufrir, me vio superarme poco a poco.

Él supo lo que había vivido y por qué, se convirtió en mi único amigo y ayuda. Sí, porque sí me ayudó mucho, también eso es verdad, fue la única persona que me ayudó, pero era agresivo, tóxico, enfermo de su corazón por sus propias experiencias en la vida. Pues bien, un día, en su manera de hacer daño y controlar, me amenazó con decirles a mis niñas toda la verdad de su origen, pero lo hizo en una forma despectiva. Las niñas tenían siete y cinco años de edad, así que decidí mantenerme alejada y jamás decirle a nadie nada sobre mi vida. Mis niñas crecieron una vida sin amiguitos de su edad, jamás fueron a la piñata de nadie, nunca las dejé tener contacto con el exterior, las sobreprotegí para que nadie les hiciera daño.

Capítulo 10

LA LUZ EMPIEZA A BRILLAR

Un día, una persona me invita a un Retiro espiritual de una iglesia católica. Yo estaba en los momentos más bajos de mi depresión. No trabajaba, había perdido mi empleo, dormía todo el día y lloraba todo el tiempo, despertaba tarde y llevaba a mis hijas a la escuela constantemente tarde. No les ponía atención alguna, no hacía tareas con ellas, las recogía tarde de la escuela, me encerraba en el cuarto y solo veía televisión todo el día. Ellas comían cereal todo el día, todos los días, porque yo era incapaz de hacer aunque fuera un huevo. No había terapia que pudiera ayudarme, no había sicólogo que me ayudara, yo seguía igual y muy preocupada, porque qué iba a hacer con mi vida. El perder el empleo me obligó a irme a vivir con este hombre. Sí lo usé y yo creía y quería que él fuera una especie de mamá, de papá, que me ayudara en mis necesidades básicas a cambio de nada, pero por supuesto, que esto no sucedería así ¿verdad?...

En fin, llegó a ese retiro que me salvó la vida. Me encontré con Jeshua Jesús cara a cara y su amor me sanaría. A este momento, yo seguía teniendo mis pesadillas horrorosas. Noche a noche era torturada por estos demonios y yo no podía orar, no poda abrir mi boca, así que me compré un cuaderno y empecé a escribir.

Escribía una especie de diario y le hacía cartas de amor a Jesús y se las llevaba a la iglesia. Yo iba cada día a la iglesia, me persignaba, le dejaba mi carta y me regresaba a casa, pero recuperé el ánimo nuevamente. Conseguí dos empleos, uno en un banco, aquí Dios empezaría a entrenarme en el mundo financiero, y otro, en una tienda de comida orgánica. En menos de un mes conseguí salirme de la casa de este hombre violento y abusivo y me renté un cuarto con una mujer que conocí en el retiro.

EL REGALO MÁS GRANDE

En el supermercado donde trabajaba, conocí a un maravilloso hombre de Dios. Federico es su nombre, él sin ningún interés en mí más que en salvar mi alma, me invitó a la iglesia, pero antes me empezó a hablar de Jesús de una manera como nadie lo había hecho antes. Yo me quedaba fascinada y sus palabras sanaban mi alma. Creo que él se percató del tormento interno que yo vivía, así que me dijo "Abe, lo primero que tienes que hacer es rendir tu vida a Cristo.

Le tienes que dar tu vida a Cristo. Lo tienes que reconocer y aceptar como tu único Señor y Salvador. Le dije: "Que quede claro que lo conozco, yo estoy enamorada de él, cada semana le compro un ramo de flores, cada día le escribo cartitas de amor y le canto canciones". Él se sonríe y me dice "Esas son cosas del alma, yo te estoy hablado de algo más real, de Jesús como tu Salvador". Despúes de discutir un rato, porque claro, yo era católica, apostólica y romana, y él, como protestante quería que yo cambiara de religión, pero eso no iba a pasar, yo no iba a traicionar mi religión, pero cada vez que hablaba con él, me ganaba en sus argumentos porque tenían sentido.

Yo ya había leído mi Biblia de pasta a pasta, pero me dio mucho miedo, y es que yo no tenía la revelación de Jesús y la leí como si fuera un libro, no como si fuera la Palabra de Dios. Yo la leía como una historia, Jesús hablando al apóstol Pedro no a mí, pero el Viejo Testamento me hizo salir huyendo de Dios. Yo decía "¡Caramba! Este sí que es un Dios muy, pero muy malo, yo con él no quiero nada, me asusta."

Míralo, que es capaz de decirle a los hombres buenos de ese país, Israel, "Vayan a Jericó y maten a todos, a mujeres, a niños" ¡oooooooh, no! Yo lloraba y decía: "¡Qué malo eres! Ojalá alguien lo castigue a él por malo", pero seguía leyendo y alejándome más. ¡Aaaaaaah! pero llegaría al libro de Juan, los evangelios, y vería como Jesús defiende a una mujer adúltera "¡Yeeeessss! ¡Éste es mi Cristo!". Luego vería como él regañaba a los religiosos, amaba a los niños. "Yo soy el buen pastor y amo a mis ovejas, ellas oyen mi voz y me siguen, y yo la conozco por su nombre! ¡Wooooowwww! Lloraba de alegría, besaba mi Biblia, de haber por fin encontrado a mi Cristo, cálmate y cuando leí la parábola de las cien ovejas[5] ¡Uyyyyy! Lloraba como una magdalena.

Así que un día, mi gran amigo Fede, como le decía de cariño, me lleva a entender qué pasa cuando recibes a Jesús: le quitas el poder a Satanás y pasas de su reino al reino de Dios, y ahora vienes a ser hija de Dios. Antes de eso, no eres hija de Dios, eres creación de Dios, y cuando leíste en la Biblia que Dios mandaba a matar a todo un pueblo es porque ellos no querían ser hijos de Dios y eran muy malos. Pues, ya Federico, por favor, dime cómo recibo a Jesús. Por favor, yo quiero nacer de nuevo, yo quiero ser hija de él, yo no quiero ser mala. "Bien, entonces, repite conmigo:"

Ahora, yo te hago esa misma pregunta a ti, mi querido amigo que lees este libro ¿Tú quieres hacer lo que yo hice? ¿Quieres ser hija (o) de Dios y pasar a su reino? Entonces, vamos juntos a repetir lo que me dijo mi amigo Federico.

---

[5] Lucas 15:1-7. Parábola de la oveja perdida. Se acercaban a Jesús todos los publicanos y pecadores para oírle, [2] y los fariseos y los escribas murmuraban, diciendo: Este a los pecadores recibe, y con ellos come. [3] Entonces él les refirió esta parábola, diciendo: [4] ¿Qué hombre de vosotros, teniendo cien ovejas, si pierde una de ellas, no deja las noventa y nueve en el desierto, y va tras la que se perdió, hasta encontrarla? [5] Y cuando la encuentra, la pone sobre sus hombros gozoso; [6] y al llegar a casa, reúne a sus amigos y vecinos, diciéndoles: Gozaos conmigo, porque he encontrado mi oveja que se había perdido. [7] Os digo que así habrá más gozo en el cielo por un pecador que se arrepiente, que por noventa y nueve justos que no necesitan de arrepentimiento. (RVR1960)

Señor Jesús, yo te recibo en mi corazón como mi único Dios, amo y Señor de mi vida. Yo renuncio a todas las obras de Satanás, renuncio a todos mis pecados. Me arrepiento, confieso que fui culpable y merezco morir por ello. Ahora yo muero a mi viejo yo. Ahora yo recibo tu sangre en mi vida como señal de que mis pecados son limpiados y perdonados. Jesús, reconozco y confieso que mi pecado exige pago, y tú pagaste por ellos en la cruz al morir voluntariamente por mí y resucitar. Te amo y soy tu hijo para siempre. Escribe mi nombre en el Libro de la Vida. Amén.

Isaías 1:18

Venid luego, dice Jehová, y estemos a cuenta: si vuestros pecados fueren como la grana, como la nieve serán emblanquecidos; si fueren rojos como el carmesí, vendrán a ser como blanca lana.

Isaías 43:25

Yo, yo soy el que borro tus rebeliones por amor de mí mismo, y no me acordaré de tus pecados.

¡Qué maravilloso regalo! ¡Muchas felicidades, mi querido amigo! AHORA ERES HIJO DE DIOS Y TODAS SUS PROMESAS SON TUYAS TAMBIÉN.

Pues, entonces, me invitó a su iglesia. "Bueno, pues, el Federico no es malo. Los protestantes son buenos, nunca me ha faltado al respeto, nunca me ha invitado a salir. ¡Mmm! Sí, en éste si puedo confiar. Está bien, voy a ir a tu iglesia".

Pues bien, cuando llegué a esa iglesia grande y bonita, había un concierto. Dije "Yo creo que estoy equivocada, éstos tienen un concierto o será que ellos son así de raros. La gente danzaba con las manos levantadas. Eso era muy, pero muy, raro. Sin embargo, la presencia del Señor era real, era viva, se sentía. Yo jamás paré de llorar desde que llegué hasta que salí. Estaba llena de vergüenza porque no quería que me vieran llorar.

> **Isaías 1:18** *Venid luego, dice Jehová, y estemos a cuenta: si vuestros pecados fueren como la grana, como la nieve serán emblanquecidos; si fueren rojos como el carmesí, vendrán a ser como blanca lana.*

Pues bien, inmediatamente, mi amigo Federico me diría qué seguía: una clase de "Y ahora ¿qué?". "Ya soy salvo, y ahora ¿qué sigue?". Pues bien, me dice Federico: "Es importante que conozcas mujeres de Dios que te ayuden", y me presentó con algunas amigas de la iglesia, pero él no me dejaba. Él continuaba enseñándome la Palabra de Dios, oraba por mí, rompía decretos, etc. Gloria a Dios ya yo podía orar, ya podía abrir mi boca y hablar con Jesús así como hablo contigo ahora, como dos amigos. Después, tomé otra clase de otras semanas llamada "Fundamentos fuertes". Se acabó y "ahora ¿qué sigue?". Yo siempre fui muy buena siguiendo instrucciones y dejándome guiar.

Es por eso que he tenido éxito en la vida en todo lo que hago, porque sé seguir instrucciones. Me dice

Federico: "Ahora tendrás que tomar clases de teología, para que sigas creciendo. Solo cuando tengas revelación completa de la voz de Dios en tu vida, es que podrás ser libre y ser la mujer que Dios diseñó para que fueras". Pero esas clases tenían costo, creo que me dijo cuatrocientos dólares americanos. Eso era mucho dinero para mí, pero "está bien, lo tomo". No tenía ese dinero, pero sabía que la información es el arma letal de la ignorancia, y también sabía que tú vacías tus bolsillos ahora para llenar tu mente, pero tu mente después llenará tus bolsillos. Y así emprendí mi nuevo viaje hacia la libertad absoluta.

EL PRECIO PARA LOGRAR TUS METAS

Mis niñas y yo hicimos todos los sacrificios del mundo juntas para triunfar. Juntas aprendimos a soñar, aprendimos el poder de la visualización. Esto me lo enseñaron en clases que tomé cuando estaba en el programa del refugio de mujeres. Ahí me enseñaron que los éxitos en la vida no llegan por casualidad. La vida se tiene que diseñar y me enseñaron cómo diseñar mi vida. Me dijeron "Si tú tuvieras la certeza de que no vas a fracasar ¿en qué te gustaría trabajar?". "Aeromoza". Muy bien, vamos a aprender y a estudiar todo lo que tenga que ver con una aeromoza.

Bueno, primero tenía que viajar mucho y eso ya me sacaba de la jugada con mis hijas. Así que sin pensarlo ni meditarlo, dije: "*BANQUERA*, porque trabajo en un banco. Allí hay dinero y representa éxito". "Muy bien, entonces, manos a la obra, vamos a hacer una cartulina con recortes y vamos a hacer tu proyecto de banquera". Nos dieron cinco días. El día viernes hacíamos un show de pasarela donde haríamos un simulacro y actuaríamos como lo que elegimos ser. En mi caso, de banquera.

Pues bien, con la ayuda de la instructora me preparé: me llevó a comprar un traje como se visten las banqueras, me llevaron a hacer mi pelo en un salón de lujo (todos estos negocios donan sus talentos y sus recursos a esta causa), después un manicure y un pedicura. Yo lloraba porque nunca en mi vida me había hecho nada de esto. Para mí era un lujo que yo jamás iba a poder pagar. Llegó el día viernes y yo estaría desfilando ¡¡ hablando y actuando como banquera!! Cinco años pasaron y en la vida real yo me estaría sentando en mi escritorio, con mi oficina, con mi uniforme, hablando, caminado y ganando como banquera.

Pues bien, ahora yo haría cartulinas siempre y las tendríamos pegadas en mi departamento. Teníamos la casa de mis sueños y el carro de mis sueños. Las niñas pusieron un perrito blanco, una niñera, vacaciones y todo pagado sin deudas. Pues, el día de hoy, mientras te escribo este libro, cada pedazo de foto que pintamos se nos hizo realidad, y esa es nuestra vida hoy.

Pero ¿qué tuvimos que hacer además de visualizar y soñar? Si hubo muchos sacrificios. Primero, una joven de veinte años de edad ¿qué quiere? ¿Cuáles son las necesidades y los deseos de una joven de veinte años? Pues, eso fue lo primero que yo tendría que sacrificar, mientras mis compañeras de trabajo salían a discotecas, a restaurantes o simplemente a conversar y tomar un refresco en la alberca, yo no podía hacer eso. Yo siempre tenía dos y, en ocasiones, hasta tres empleos por temporadas para cubrir los gastos de la casa y las necesidades básicas. Si no tenía dos empleos, entonces estaba estudiando algo y haciendo una especialización en algún área.

Si no estaba estudiando, entonces era porque había emprendido algún negocio, pero siempre me mantuve muy ocupada. Me mantenía activa de dieciocho a veinte horas al día. Dormía de cuatro a seis horas diarias. Es por eso que una de mis metas o sueños a lograr era un día dormir hasta que mis ojitos se abrieran solos, sin un reloj despertador. Ese sueño también se cumplió. Mis pobres niñas se quedaban solas de lunes a viernes desde que tenían ocho y seis añitos. Las recogía de la escuela a las tres y a las cinco. Yo entraba a mi otro empleo y llegaba a las once o doce de la noche. Gracias a Dios que ellas siempre fueron unas niñas buenas, educadas y obedientes. Esto me dolía en lo más profundo de mi ser; sin embargo, nosotras hablábamos todo el tiempo y éramos un equipo. Así se los dejaba saber y estaríamos trabajando juntas para alcanzar nuestras metas, nuestros sueños.

Yo las llamaba por teléfono para hacer la tarea por teléfono, y cuando algo no entendían, las despertaba a las seis de la mañana para terminar su tarea. A las siete, las llamaba, "Es hora de merendar". A las siete y quince, "Es hora de bañarse". A las ocho de la noche, "Es hora de dormir". Hacíamos una pequeña oración para que se durmieran, yo me ingeniaba para llamarlas porque en esos tiempos no había celulares como hoy en día. También les ponía alarmas, cada vez que una alarma sonaba era hora de bañarse, hora de apagar el televisor, porque solo las dejaba ver media hora de televisión, y otra alarma para comer. Pero eso sí, sábados y domingos eran sagrados, yo no trabajaba ni hacía nada, no me comprometía porque eran de mis niñas.

El sábado, al despertar, limpiábamos toda la casa, Jajajá, toda la casa era un departamento de una recámara. Después de hacer una limpieza súper profunda nos íbamos a hacer cosas creativas, donde no gastábamos dinero, pero eran súper divertidas. Los domingos eran de nuestro Dios, era el día de ir a dar gracias y adorar. Esos días sí que eran sagrados.

SI NO ERES SANO Y TRANSFORMADO DESDE EL INTERIOR, EL TAN ANSIADO ÉXITO O RIQUEZA JAMÁS LLEGARÁ, PORQUE LA RIQUEZA EXTERIOR ES UN REFLEJO DE TU YO INTERNO.

Pensamientos tóxicos, ideas equivocadas, heridas, traumas, adicciones, tú vas a producir lo que eres y si el éxito financiero llega cuando todavía tienes ideologías torcidas o heridas en el alma, pues no vas a tener nunca riqueza, porque utilizarás el dinero para saciar el vacío interno. Es por eso que ves personas enamoradas del dinero, ambiciosas, nunca es suficiente, siempre es un poquito más, un poquito más, manipuladoras, mentirosas, que para obtener riqueza, mienten, extorsionan, roban, matan, y muchas cosas más, y tal vez y solo tal vez, logren un momentáneo éxito o dinero en el banco, pero no son felices. Son personas amargadas, frustradas,

> ***Las niñas pusieron un perrito blanco, una niñera, vacaciones y todo pagado sin deudas.*** *Pues, el día de hoy, mientras te escribo este libro, cada pedazo de foto que pintamos se nos hizo realidad, y esa es nuestra vida hoy.*

llenas de dolor, de envidia y llega un momento donde estarían dispuestas a cambiar toda la fortuna a cambio de un poco de amor. Un día, vi unos títulos de novelas que eran "Pobre niña rica", "Los ricos también lloran". Esto no es riqueza, lo que yo quiero mostrarte es cómo tú puedes llegar a tener riqueza absoluta en las cuatro áreas fundamentales de tu vida, ¡¡ riqueza que perdure para siempre!! Y eso es lo que ahora estás a punto de descubrir, eso es lo que enseño a través de mi programa radial, a través de mis seminarios. Si tú deseas esa riqueza, entonces continúa leyendo.

Si bien ya te diste cuenta que yo no empecé a florecer hasta que me desprendí de todas mis ataduras del alma, hasta que sané internamente. Fue cuando el dinero empezó a llegar a mi vida a manos llenas, antes no sucedió. Ahora, no digo que la gente es pobre porque hay cosas malas en su corazón. Eso no fue lo que yo dije, porque conozco mucha gente como líderes religiosos, pastores, personas de buen corazón, sin ataduras en el alma, personas que aman a Dios y todavía son pobres, todavía siguen viviendo de cheque en cheque, todavía están infestados de deudas.

Esto sucede porque no han aprendido una habilidad misma que te voy a enseñar antes de que termines de leer este libro. Y bueno, para cerrar este capítulo e ir directamente a las finanzas, voy a decirte que tomé infinidad de cursos de sanidad interna, infinidad de horas en terapia con sicólogos y siquiatras, que si bien ayudaban un poco, nunca fueron capaces de sanarme. Fue la Palabra de Dios, la revelación de las verdades, la revelación de entender cómo funcionan las leyes del universo, cómo opera Satanás, cómo él mismo tiene que sujetarse y obedecer las leyes. Ni él las puede violar y si él conoce y respeta las leyes, qué te hace pensar que tú y yo las podemos violar. Los ataques de difamación hacia mi persona continúan hasta el día de hoy por aquellos, en mi familia inmediata, que su corazoncito todavía no es sanado completamente. Sin embargo, a mí ya no me afectan ¿por qué? No, no soy de hierro ni soy la Súper Woman, simplemente he entendido cómo funcionan las leyes de Dios y he aprendido a identificar a mi enemigo.

Efesios 6:12

Porque no tenemos lucha contra carne y sangre, sino contra principados, contra potestades, contra los gobernadores de las tinieblas de este siglo, contra huestes espirituales de maldad en las regiones celestes.

Querido amigo, podría escribirte un libro entero solo en este tópico. Solo lee nuevamente y medita en esto y mira la estructura de tu enemigo, pero aquí estamos tú y yo llorando porque mi mamá dijo que yo era mentirosa, y empezamos un argumento para defendernos y probar por qué no soy mentirosa. Encima de todo, ahora estoy ofendida con mi madre y voy a dejar de hablarle. Estamos mal, muy mal, muy mal, dijera el sacerdote que me confesó.

Ahora, cabe aclarar que hay momentos en la vida donde sí es mejor alejarte de esas personas que son tóxicas en tu vida y que te hacen daño. Alejarme de mi madre y mis hermanos me salvó la mente y salvó la linda relación de amor y de respeto que hoy en día tenemos.

Yo seguía estando engañada. Ahora, ya iba a la iglesia, ya amaba a Jeshua Jesús, leía la Biblia, según mi criterio estaba sana, y sí lo estaba hasta cierta extensión de la palabra, sin embargo, muy dentro de mi corazón, yo no había perdonado ni a mi mamá ni a mi papá. "¿Cómo Abelina, si usted dijo que no lo metió a la cárcel, le perdonó ir a la cárcel?" ¡¡NO!! Eso no es perdonar, pero cómo es posible que yo misma pensara que lo había perdonado. Yo decía: "Si no lo odio, pues eso quiere decir que lo he perdonado".

Sin embargo, cuando sabía que mi mamá o mis hermanos tenían algún contacto con él, me daba coraje hacia ellos y me hería y me alejaba de ellos emocionalmente. Era algo así como que los dejaba de querer, además de la rabia que me producía, mi excusa era "Está bien, yo sé que es su papá y que lo perdonaron, pero eso no quiere decir que se vayan a tomar café con él. ¡Qué horror! Ellos están enfermos como él, seguramente deben tener todavía mentes perversas al querer convivir con él". Y con mi madre, no se diga, cada vez que sabía que ella tenía algún tipo de contacto con él, era como que me producía náuseas, náuseas reales, quería devolver en realidad, y yo la juzgaba y decía "¡Qué asco! Está enferma igual a él".

> *Ahora, cabe aclarar que hay momentos en la vida donde sí es mejor alejarte de esas personas que son tóxicas en tu vida y que te hacen daño.*

Querido lector, la enferma era yo, ¿qué? "Abelina, no digas eso, ellos te hicieron mucho daño, tú tienes razón de estar enojada con ellos. Es más, si no los perdonas, nadie te va culpar".

Un día, escuché el testimonio del señor Mike Evans y Dios terminaría de sanar mi corazón con la vida de él. Leí su libro FOG, que te lo recomiendo. En este libro, él hablaba de perdón radical y ¿qué es el perdón radical? Es otro nivel de perdón, es el mismo que Dios usa para perdonarnos a ti y a mí.

Aparentemente, yo estaba bien y estaba sana. Si mi mamá no decía nada malo en mi contra, pues yo estaba de lo mejor, pero solo ella decía algo, y aquí iba yo a ofenderme. Mientras nadie mencionara a mi padre, todo iba de maravilla en mi vida, lo mencionaban y me enfurecía, pero ya en unos minutos, todo estaba igual.

¿Qué estaba haciendo yo? Deteniendo bendiciones de Dios y guardando contratos con mi enemigo. Dios nos ordena que honremos a nuestros padres y dice que hay premio si lo haces, hay un regalo, todo te irá bien y tendrás larga vida.

Ahora, vamos a entender qué es honrar, porque muchas veces también confundimos esto. Honrar no es que tengamos que convivir con ellos, si al hacerlo, vamos a caer más bajo o nuestra vida está en peligro, ¿si me sigues? En mi caso, una forma de honrarlos era perdonarlos, sí, perdonarlos de verdad.

Sabes que en mis noches de soledad, decepción, lucha y dolor, yo le preguntaba a Jeshua "¿Será que te importó lo que a mí me pasó?, y me encontré con estas hermosas palabras "No solo sí le importó, sino que ahora él se vengará por ti, pero esto no sucederá hasta que tú perdones a aquellos que te han hecho mal, y no se vale que digas ¡Ah bueno! Lo voy a perdonar o la voy a perdonar para que Dios se vengue de ellos. Eso no es perdón, eso es venganza tuya.

Te voy a contar la historia como yo la vi. Vale, aquí te va: Jesús va apurado para seguir trabajando. El camino estaba polvoso, había moscas por ahí volando y los zancudos picaban, había un calor terrible. De repente, se oye un borlote, un montón de niños jugando y corriendo y de metiches a ver por qué tanta gente iba por ahí. Entonces uno grita "¡Aaah! es Jesús el que cura a la gente y los bendice. Mira, ahí va la mamá de Juanito cargándolo para que le toque la cabeza. Sí, vamos para que nos bendiga a nosotros también". Pero, al estar casi, casi tocando a Jesús, los ayudantes de Jesús, los achichincles que siempre se creen más grandes que el jefe, los regañan: "Niños apestosos, mocosos, váyanse de aquí, ya vienen a molestar al jefe, que no ven que él está ocupado, esto es cosa de adultos ¡¡¡ fuera de aquí!!!".

Marcos 10:14

Viéndolo Jesús, se indignó, y les dijo: Dejad a los niños venir a mí, y no se lo impidáis; porque de los tales es el reino de Dios.

¡Yeeees. Good job, Jesús! Yo me lo imagine así: les dio una buena zarandeada, como diría mi abuelita, una santa regañada, que todavía en el cielo se están acordando de ella, pero mira qué es lo que sucede y después lee conmigo. Cuando leí esto, él, mi Jesús, en ese instante me sanó muchas de mis heridas.

Marcos 9:42

Cualquiera que haga tropezar a uno de estos peque-ñitos que creen en mí, mejor le fuera si se le atase una piedra de molino al cuello, y se le arrojase en el mar.

Él, Jesús, condena a aquel que hace tropezar a uno de sus hijos.

Capítulo 11

PERDÓN RADICAL

Querida amiga, creo que este tipo de perdón es algo que el Espíritu Santo te da. Yo luché por perdonar, pero no sabía cómo hacerlo. Mas cuando entendí que los planes de Dios son perfectos y que el pasado ya no importa, quedó atrás. Lo importante es cómo voy a escribir mi vida ahora. Yo empecé a vivir por esta promesa.

Romanos 8:28

Y sabemos que a los que aman a Dios, todas las cosas les ayudan a bien, esto es, a los que conforme a su propósito son llamados.

A este tiempo, yo no sabía que mi vida se iba a hacer pública, desconocía que yo iba a tener un programa radial escuchado por miles, desconocía que yo sería un Coach de vida impartiendo sabiduría, habilidades y conceptos para ayudarte a crecer, y desconocía que un día escribiría un libro. Pero sí sabía que amaba a Dios y sí sabía que desde ahora yo le entregaría mi vida entera a él y confiaría plenamente en él y entendería que él, Dios, sería quien iba a arreglar mi vida, y así fue.

CONOZCO A MI PRÍNCIPE AZUL

Estando trabajando en el banco y manejando ya portafolios de personas con mucho dinero, llegó a mi escritorio un agente de ventas que trabajaba para la empresa de este joven y apuesto personaje llamado Jesús Puntos. Le interrogué como parte de mi rutina de trabajo: ¿Quién es esta empresa y a qué se dedican? ¿Cuántos empleados tiene? Para mi sorpresa, esta empresa de cuarenta años formulaba tres millones de dólares anuales, pero desde que este joven e inteligente hombre la tomó, ahora iban a formular dieciocho millones de dólares anuales, con un servicio que costaba dieciocho dólares al mes.

Lo que quiere decir que este joven manejaba masas de personas, lo que quiere decir que este joven debe tener una excelente habilidad de comunicación, una súper habilidad de organización, y tiene que ser un súper motivador para inspirar a tantas personas, latinas en su mayoría. Efectivamente, Jesús Puntos era todo eso y algo más.

Así que por doce meses yo fui su asesor financiero vía telefónica, jamás lo conocí en persona. Cuando vi sus cuentas personales, dije ¡ishhh! Este joven está en problemas con el servicio de relaciones internas, IRS, taxas, impuestos, porque era buenísimo haciendo fortuna, pero tenía un pequeño defecto, no sabía organizarlo ni retenerlo. Esa era precisamente mi especialidad, así que empecé a dirigirlo. Después de un año, lo conocí, pero nuestro trato era sumamente de negocios.

Para este tiempo, yo vivía un nivel en el área espiritual como nunca en mi vida había experimentado. Dios me daba regalos y talentos en distintas áreas. Yo podía escuchar la voz audible del Santo Espíritu, como "Ve para allá, a aquella mujer y ora por su pierna, la van a operar mañana. Dile que todo va a estar bien" o "Ve, ora por aquella que necesita provisión en su casa" o "Acércate a esta otra y ora para que sea libre del ocultismo", etc., etc.

Mi Dios y yo teníamos una relación de intimidad como nunca antes. Él suplía todas mis necesidades y deseos de maneras sobrenaturales. Un día entré a mi closet y pensé, solo pensé, jamás lo hablé, dije "¡Hm! Me encantaría cambiar mi closet. Cinco mil dólares me alcanzarían. ¡Ishhh! No, jamás gastaría tanto dinero en mi closet, olvídalo Abelina". Al día siguiente, en mi trabajo, un hombre de piel morena que solo conocí por dos minutos, me dejó una tarjeta de navidad, pero pesaba y su tarjeta de negocio.

Tiré la tarjeta de negocio y aventé la de navidad en mi bolsa. Por el entorno en el que yo me movía, era muy común que hombres mayores de edad y con dinero (Sí, porque los jóvenes no tienen dinero, Jajajá) creían que podían comprarme y tener aventuras conmigo. La verdad, ya estaba harta de eso, que para todo era "Vamos a celebrar que este negocio se consumó" y luego era vino y enseguida venía la invitación indecorosa. Mas no sabían que mi Dios me permitía ver sus intenciones.

En fin, por eso es que ya yo no hacía caso y estaba cansada de ello. Por eso voté la tarjeta. Al llegar a casa, abrí el sobre con cinco mil dólares y una nota que decía "¡¡¡cambia tu closet!!!! ¡Ah! me asusté. Dije "¿Cómo él sabía? No, no, no. Yo tengo que devolver este dinero, yo no debo aceptar regalos de clientes, era contra las normas del banco". En fin, de esta manera era como mi Dios sorprendería mi vida día a día, de una manera maravillosa.

Un día, llegó Jesús Puntos y me hizo una oferta de trabajo. Me ofreció trabajar con él cómo distribuidor independiente. "No", le dije. "Mira, yo estoy establecida aquí", pues yo estaba ganando una fortuna comparado a lo que ganaba antes, pero él insistió y me dijo "Tienes tanto talento, Abelina, que tú te puedes hacer millonaria. Yo voy a ayudarte, no estás sola, ¿Cuánto dinero necesitas para vivir al mes?". "En gastos fijos, dos mil dólares". "Vas a hacer cinco veces eso", me dijo Jesús. "Al principio va a ser duro, pero yo te ayudo". Uno de los regalos más grandes que mi Jesús Puntos tiene, es que sabe descubrir talentos, diamantes en bruto, los pule, y una vez pulidos, valen muchísimo.

Él siempre está viendo lo bueno en las personas, nunca ve lo malo. Pues bien, después de orar al Señor y pedir dirección, acepté, al cabo tenía ahorros para vivir por todo un año por si algo no salía bien. Tomé ventaja de esta situación y me tomé todo un mes libre, sin trabajar, para ser mamá veinticuatro horas al día.

Gracias Señor por poner a Jesús Puntos en mi camino, pues yo comía con mis dos hijas en la escuela, las recogía, hacíamos tarea, cenábamos y jugábamos juntas todos los días. Luego, íbamos a la camita abrazaditas las tres, como siempre dormíamos.

En este transcurso, yo le dije a Jeshua "Padre, tú eres todo para mí, no necesito nada ni a nadie para ser feliz. En ti, soy completa, así que hoy renuncio a la idea de un día casarme. No me quiero casar. No quiero novios. No quiero pretendientes, me molestan, me aburren, me fastidian intentando conquistarme, todos llenos de iniquidad y perversidad sexual. ¡¡¡ No más de eso!!!" Y él me contesta suavemente "Perfecto, pero antes quiero que te pongas en ayuno por siete días". "¿¿ Qué??", le contesté. "Perfecto, pero tú ya conoces mi corazón y tú sabes que yo no voy a cambiar de opinión. Esta decisión no fue en un impulso. En verdad estoy muy seria cuando te digo esto".

> *Mi Dios y yo teníamos una relación de intimidad como nunca antes.* *Él suplía todas mis necesidades y deseos de maneras sobrenaturales.*

Al final de los siete días, entregaría mi ayuno, y de rodillas le dije "Ok. Aquí estoy, y como ves, no he cambiado de opinión". Entonces, él me mostró la creación del hombre y pude ver como en una película cómo él le dijo a Adán: "Te haré ayuda idónea, no es bueno que estés solo", le pone a Eva frente y Adán se enamora de ella. "Hueso de mis huesos, carne de mi carne". "¡Wow! ya te entendí, Señor. Tú me dices que no se trata de mí. ¿Me estás queriendo decir que yo soy la ayuda idónea de un hombre? Muy bien, si así lo dices, entonces que así sea, estoy lista, llévame con él".

Esto ocurrió el día 9 de abril del año 2009, y el 10 de mayo del Año 2009, sí, treinta y un días después, ya estábamos durmiendo en la misma camita para siempre, hasta que la muerte nos separe. ¡¡ Lo que Dios unió no los separe el hombre!! Y puedo decirte que ha sido simple. Sencillamente, después de mi Jeshua, mi Jesús Puntos es el mayor regalo que he recibido.

Ha sido más que una bendición. Ahora es mi mejor amigo, con él hablo de la misma manera que hablo con Jeshua. No hay una parte de mí que él no conozca, a veces creo que él me conoce más a mí que yo misma. Él ha sido y es mi mentor, es mi Coach de vida, a él le pido opinión de todo lo que hago. Él es el padre de mis hijos, sí, de mis cuatro hijos. Él nunca ha hecho ninguna distinción entre sus hijos biológicos y sus hijos del corazón, que son mis bellas niñas. Hoy en día también es mi socio de negocios, y encima de todo esto, es un hombre guapísimo, con esos ojos azules claros como los mares, como los lagos. Es bello, chistoso, divertido y loco. Muchas veces, sus sueños y visiones me asustan. Sí, me asustan, porque yo nunca sueño tan lejos como él. Cuando le conté las páginas de mi libro, me dijo voy a escribirte un libro y empezó a escribir.

A mí me dio risa, y mira, hoy lo estoy escribiendo. Él es un visionario y siempre ve más allá, a donde ya mi vista no alcanza. Me dijo: "Tú eres una punta de lanza para sanar el corazón herido de muchas mujeres", pero yo ni siquiera me atrevía a decirle a nadie mi testimonio. Él sería la primera persona y Dios lo usó para sanar muchas heridas. Me decía: "Tú tienes que dar conferencias", y yo ni siquiera podía hablar en público, temblaba de miedo. Me dijo: "Te vas a la radio", y yo "¿Qué, si no soy locutora?"... Gracias, amor mío, porque te debo el éxito que Dios me ha permitido tener.

Es tuyo porque tú me hiciste y me sigues haciendo, me sigues moldeando, me sigues puliendo, siempre obligándome a ser mejor, siempre empujándome más allá de mis límites, siempre creyendo que yo soy tu estrella. Pues, tú eres mi Rey, mi amado. ¡¡¡ Te amo con cada fibra de mi ser !!!!

Querido lector, que maravilloso es cuando es Dios mismo quién te elige el esposo. Pues, yo intenté buscar un esposo de distintas maneras y fracasé una y otra vez. ¿Por qué? me preguntaba yo. Porque yo estaba buscando un esposo en base a mis necesidades. Yo buscaba un esposo que me amara, que me hiciera sentir querida y deseada. ¿Te suena familiar? Estaba equivocada, porque yo estaba buscando en un hombre llenar un vacío que solo mi Dios podía llenar, y no fue hasta que renuncié a la idea que sería un hombre quién me haría feliz, cuando Dios dijo "Ahora sí estás lista", porque el matrimonio ya no va a girar hacia ti y tus necesidades, pero para mi propósito, Eva fue hecha para ser la ayuda idónea de Adán y no al revés. Así que ahora estaría lista y dispuesta a amar sin condición, a darme sin esperar nada a cambio, porque todas mis necesidades ¡¡¡ ya estaban siendo suplidas por mi Dios!!!

Es mi oración, que al leer este libro, Dios pueda restaurar tu matrimonio a través de ti misma. Es mi oración para ti, que estás soltera, que Dios te mande un Adán y que esta vez ya no le des a comer del fruto prohibido...

PRINCIPIOS BÁSICOS PARA ALCANZAR EL ÉXITO

Cuando de finanzas se trata, voy a compartir contigo la habilidad que cada uno de nosotros debemos tener si un día quieres ser libre financieramente hablando. Nuevamente, es una ley de Jeshua. Él es quien enseñó cómo se debe manejar las finanzas y cómo GENERAR, PROTEGER, PRESERVAR Y MULTIPLICAR TU DINERO. Así que abróchate el cinturón que vamos a despegar.

Es importante entender que la verdadera riqueza está compuesta en los cuatro elementos que son: el Espíritu, el Alma, el Cuerpo y la economía, los dólares, pero también es importante saber que si no tenemos un alma, un espíritu y un cuerpo sano;

entonces ¿para qué queríamos las riquezas económicas? Pregúntale a un millonario que está enfermo postrado en una cama, él daría todos sus millones a cambio de su salud.

Al fin y al cabo, cuando esté sano, él volverá a hacer millones, porque ya sabe la formula misma que compartiré contigo a continuación. Pero, también pregúntale a una persona que está sola, triste y deprimida; esta persona también te daría todos sus millones a cambio de ser feliz; y ahora, pregúntale al diablo si te diera todos sus millones a cambio de no ir al infierno y tú vayas en su lugar. Estoy segura de que te diría que sí.

Una vez entendido cuál es la verdadera riqueza, entonces voy a compartir qué fue lo que yo hice cuando gané mi primer millón de dólares, y qué es lo que continúo haciendo para continuar haciendo crecer mi fortuna.

> *Querido lector, que maravilloso es cuando es Dios mismo quién te elige el esposo.* Pues, yo intenté buscar un esposo de distintas maneras y fracasé una y otra vez.

El propósito de escribir mi libro fue para llevarte a romper con acuerdos tratos y contratos que por ignorancia habías firmado y te tenían atado de tu alma y tu espíritu, así como yo un día estuve. Una vez libre, entonces empecé a fluir y a aplicar los conceptos que a través de los años fui adquiriendo a base de mucho esfuerzo, de leer más de cien libros sobre finanzas, cientos y cientos de horas en cd's en información financiera, invirtiendo cientos de miles de dólares en entrenamientos con coaches financieros que ya obtuvieron el éxito financiero, y también cientos de horas invertidas en conferencias y seminarios para obtener educación financiera. Ahora tú estarás a punto de conocer también estos conceptos y tú también ¡¡¡ podrás ser millonaria !!!

Principio #1. Necesitas entender que todo lo que tienes es Dios, y que es él quien te da la habilidad de hacer riquezas. Así es, dentro de cada uno de nosotros hay una habilidad que Dios nos dio para ser MILLONARIOS. Para ser millonario tienes que pensar como millonario y actuar como tal a la vez. Una vez que hayas entendido que sí es la voluntad de Dios que tú prosperes en todo lo que haces, incluyendo tus finanzas, ahora vamos a ver el concepto más importante en la vida de un millonario.

La ley para el incremento financiero es que NECESITAS APRENDER A SER EL MEJOR ADMINISTRADOR. Es simple y sencillo, a la medida que tú sepas administrar lo que tienes el día de hoy, solamente en esa medida es que Dios te dará más. Si no sabes administrar lo que tienes, no calificas para tener más. ¡Sencillo!

Mateo 25:23

Bien, siervo bueno y fiel; en lo poco fuiste fiel, sobre lo mucho te pondré; entra y alégrate conmigo.

Principio # 2. Aprende a pagarte a ti primero. Si quieres ser clase pobre y terminar en la pobreza y viviendo de cheque a cheque toda tu vida, ahorra cuando te sobre y lo que te sobre, paga todos tus gastos y después ahorra. Ésta es la fórmula para la pobreza.

¿Quieres vivir y ser de la clase media? Entonces, al instante que recibes tu cheque antes de repartirlo en las necesidades del hogar, págate a ti primero entre en 5% y el 10 % y un día vivirás como la clase media.

¿Quieres vivir como la clase media alta? Entonces, aprende a pagarte a ti primero entre el 15% y el 20% de tu salario actual.

Y si quieres vivir como los ricos, entonces, necesitas aprender a pagarte a ti primero entre en 20 % y el 30% de tú cheque actual y esto lo vas a hacer antes de que gastes tu cheque.

Una vez hagas esto y aprendas a pagarte a ti primero, entonces, necesitas aprender a vivir con lo que sobró, así de simple. Pude haber escrito cien páginas más sobre este concepto y decirte por qué es importante pagarte a ti primero, por qué es importante un presupuesto, etc., etc., pero de qué te sirve que te enseñe a ver dónde está el dinero, de qué te sirve que te ayude a tener y a manejar un presupuesto si al final del día no COMPRENDES y no aplicas lo más importante, y es PAGARTE TÚ PRIMERO.

Una vez que aprendas a pagarte a ti primero, enton- ces, lo más importante esa **dónde pongo el dinero que estoy ahorrando**....

Voy a contarte la vida de dos mujeres sin reales. Las dos llegaron a mi oficina: una llegó hace siete años y la otra llegó hace cinco años. Las dos llegaron a USA cuando estaban en sus veintes. Las dos se ca- saron y las dos tuvieron dos hijos. Diana enviudó y a Carolina la dejó su esposo por otra mujer más joven. Así que las dos tuvieron que criar a sus hijos solas como mamás solteras. Las dos les dieron edu- cación académica a sus hijos y ahora sus hijos tienen sus carreras y sus buenos empleos. Las dos fueron muy ahorrativas y las dos, tanto Carolina como Diana, compraron y pagaron sus casas. Las dos lim- piaban casas como su oficio porque no tenían edu- cación académica.

Ahora Diana tiene setenta y dos años de edad y Ca- rolina tiene setenta y siete años de edad ¿cuál es la diferencia entre ellas dos hoy en día?

Que Diana ya no puede trabajar, está cansada, en su cuenta de banco solo tiene treinta mil dólares. Es todo lo que alcanzó a ahorrar y aun así, cansada y de edad, tiene que seguir trabajando para pagar sus gastos porque sus hijos no la pueden ayudar, a pesar de que tienen sus carreras, pero también tienen sus propios hijos y obligaciones, y simplemente, no les sobran dos mil dólares al mes para mantener a su mamá, que es lo que ella necesita para cubrir sus necesidades básicas con la casa ya pagada.

Pero Carolina, en una de las casas donde trabajaba, la instruyeron unos judíos y le dijeron: "Carolina, queremos enseñarte a que abras una cuenta para que te genere intereses. Ella no entendió qué le dijeron, solo obedeció y guardaba la misma cantidad que Diana, pero ella en una cuenta de riqueza familiar. Hoy en día Carolina revive siete mil dólares mensuales por el resto de su vida. Ella ya no tiene que trabajar porque ya no lo necesita, y hace siete años, al escuchar mi programa radial, me contactó y me dijo: "Mire, a mí me sobra dinerito cada mes, y como ya tuve una cuenta como esa que usted tanto habla, ahora a mis sesenta y nueve años –que son los que tenía cuando me vino a ver– quiero empezar a ahorrar para que mi dinerito continúe trabajando y no tenerlo ahí en el banco donde no me gana nada".

¿Cuál es la moraleja de estas dos vidas casi idénticas? Lo que al final del día las diferenció fue que Carolina, cada vez que sus jefes le pagaban, primero le tomaban a ella el 10% de su cheque y se lo ponían en su cuenta. Diana ahorraba cuando podía. A pesar de que sí era ahorrativa, no fue constante en su ahorro y donde pusieron sus ahorros una y la otra fue lo que al final del día hizo la gran diferencia entre las dos.

Ahora Carolina goza de su vida y vive sus años de jubilación y Diana tiene que seguir trabajando, está casada, muy cansada y triste; y su mayor pregunta es "¿qué voy a hacer cuando ya no pueda moverme? Solo le pido a Dios que me lleve pronto porque no voy a poder sobrevivir". Carolina me dice: "Le pido a Dios que me deje vivir ¡¡¡ por lo menos hasta los 100 años!!!". ¡¡ Qué lección de vida me dieron ellas a mí!! Una quiere morir solo porque no tiene el dinero mínimo para las necesidades básicas. La otra quiere vivir porque el dinero no es un problema, al contrario, cuando ella ya no esté aquí ¡ella va a dejar herencia para sus nietos!

Ha sido un verdadero honor pasar este tiempo contigo compartiendo desde lo más profundo de mi corazón. Ahora, ve y pon en práctica lo aprendido. Eres bendición, ahora hazte el favor de crecer en todas las áreas que te hacen completo y sé tú de bendición para otros. Sé la ¡¡MUJER DEL MAÑANA!!

Te espero en mi show radial de lunes a viernes. Te espero en Facebook: PUNTOS DE SABIDURÍA. Te agradecería que fueras y le dieras un like, de esa manera nos mantendremos conectadas con muchos puntos de sabiduría cada día.

No te pierdas uno de nuestros seminarios cerca de tu ciudad, o visita mi página:

www.puntosdesabiduria.com

Con todo mi cariño, tu amiga:

Abelina Puntos

Abelina está disponible para contrataciones, conferencias y seminarios .

Para contrataciones puedes comunicarte a:

puntosdesabiduria@gmail.com

o al número (214) 736-9019